IT-Professional

Herausgegeben von Helmut Dohmann, Gerhard Fuchs und Karim Khakzar

Die Reihe bietet aktuelle IT-Themen in Tuchfühlung mit den Erfordernissen der Praxis. Kompetent und lösungsorientiert richtet sie sich an IT-Spezialisten und Entscheider, die ihr Unternehmen durch effizienten IT-Einsatz strategisch voranbringen wollen. Die Herausgeber sind selbst als engagierte FH-Professoren an der Schnittstelle von IT-Wissen und IT-Praxis tätig. Die Autoren stellen durchweg konkrete Projekterfahrung unter Beweis.

In der Reihe sind bereits erschienen:

Die Praxis des Knowledge Managements
von Andreas Heck

Die Praxis des E-Business
von Helmut Dohmann, Gerhard Fuchs und Karim Khakzar

Controlling von Softwareprojekten
von Katrin Gruner, Christian Jost und Frank Spiegel

Produktionscontrolling mit SAP®-Systemen
von Jürgen Bauer

Middleware in Java
von Steffen Heinzl und Markus Mathes

Controlling für Industrieunternehmen
von Jürgen Bauer und Egbert Hayessen

E-Procurement
von Patrick P. Stoll

www.vieweg.de

Patrick P. Stoll

E-Procurement

**Grundlagen, Standards
und Situation am Markt**

Mit 69 Abbildungen

vieweg

Bibliografische Information Der Deutschen Nationalbibliothek
Die Deutsche Nationalbibliothek verzeichnet diese Publikation in der
Deutschen Nationalbibliografie; detaillierte bibliografische Daten sind im Internet über
<http://dnb.d-nb.de> abrufbar.

Die Wiedergabe von Gebrauchsnamen, Handelsnamen, Warenbezeichnungen usw. in diesem Werk
berechtigt auch ohne besondere Kennzeichnung nicht zu der Annahme, dass solche Namen im Sinne
von Warenzeichen- und Markenschutz-Gesetzgebung als frei zu betrachten wären und daher von
jedermann benutzt werden dürfen.

Höchste inhaltliche und technische Qualität unserer Produkte ist unser Ziel. Bei der Produktion und
Auslieferung unserer Bücher wollen wir die Umwelt schonen: Dieses Buch ist auf säurefreiem und
chlorfrei gebleichtem Papier gedruckt. Die Einschweißfolie besteht aus Polyäthylen und damit aus
organischen Grundstoffen, die weder bei der Herstellung noch bei der Verbrennung Schadstoffe
freisetzen.

1. Auflage März 2007

Alle Rechte vorbehalten
© Friedr. Vieweg & Sohn Verlag | GWV Fachverlage GmbH, Wiesbaden 2007

Lektorat: Günter Schulz / Andrea Broßler

Der Vieweg Verlag ist ein Unternehmen von Springer Science+Business Media.
www.vieweg.de

Konzeption und Layout des Umschlags: Ulrike Weigel, www.CorporateDesignGroup.de
Umschlagbild: Nina Faber de.sign, Wiesbaden
Druck- und buchbinderische Verarbeitung: MercedesDruck, Berlin

ISBN 978-3-8348-0269-9

Für meinen Großvater, Otto Borchert

Vorwort

Die Möglichkeiten der Informationstechnologie (IT) werden von den Unternehmen in immer stärkerem Maße in die Geschäftsprozesse einbezogen. Eine Ursache dafür ist das Marktumfeld der Unternehmen und eine andere Ursache resultiert aus der Weiterentwicklung der verfügbaren Software. Gerade im E-Procurement hat sich das Angebot an Software beträchtlich verbreitert und damit die Möglichkeiten der Unternehmen erweitert. Dies wird wiederum die Marktsituation für viele Unternehmen weiterentwickeln.

Mit dem hier vorliegenden Werk wird das E-Procurement systematisch in allen heute klar erkennbaren Varianten mit den sich für das Unternehmen ergebenden Konsequenzen für die Manager in anderen Unternehmen präsentiert.

Der Entwicklungsprozess der IT hin zu einem Software on Demand Angebot der benötigten Funktionalität der Enterprise Ressource Planning Software erleichtert den Unternehmen den Einsatz dieser neuen Funktionen. Dies kann in kurzer Zeit sich auch für das E-Procurement ergeben.

Reihe IT-Professional

Die Reihe IT-Professional versucht die in aktuellen Forschungsprojekten und in der Praxis erworbenen Erfahrungen der Autoren für die Praktiker in den Unternehmen aufzubereiten. Hier ist mit dem vorliegenden Band

"E-Procurement"

wieder ein Beitrag zur Weiterentwicklung der Beschaffung im Unternehmen aus einem aktuellen Forschungsvorhaben heraus gelungen. Der Autor hat seine Forschungsfragestellung der E-Procurement Entwicklung und Einführung in einem Unternehmen entwickelt und hier seine Erfahrungen dokumentiert.

Wir bedanken uns bei unserem Autor für seinen innovativen und für die Praxis wichtigen Beitrag, denn für die Unternehmen ergeben sich aktuell neue Möglichkeiten für das E-Procurement in einigen Marktsegmenten.

Die Herausgeber bitten alle Leser und Leserinnen um Anregungen und stehen für Fragen per E-Mail unter

Helmut.Dohmann@informatik.hs-fulda.de,

Gerhard.Fuchs@informatik.hs-fulda.de,

Karim.Khakzar@informatik.hs-fulda.de

zur Verfügung.

Ihre Herausgeber von der Hochschule Fulda,

im Januar 2007 Helmut Dohmann – Gerhard Fuchs – Karim Khakzar

Danksagungen

Die Entstehung dieses Buches wäre nicht möglich gewesen ohne die Unterstützung von Professoren, Mentoren, Vorgesetzten und Kollegen, denen ich an dieser Stelle meinen Dank aussprechen möchte.

Herrn Professor Gerhard Fuchs möchte ich für seine Unterstützung des Projekts, die Übernahme der Herausgeberschaft, sowie seine Ermutigung, mich an einer Buchpublikation zu versuchen, danken. Herrn Günter Schulz, Frau Eva Brechtel-Wahl, Frau Andrea Broßler und Frau Sybille Thelen vom Vieweg Verlag danke ich für die verlagsseitige Betreuung meines Buchprojekts.

Diesem Buch liegt das Manuskript meiner bei den Metabowerken verfassten Diplomarbeit zugrunde. Herzlich danken möchte ich Herrn Professor Manfred Reichert für die Betreuung meiner Diplomarbeit und sein Vertrauen, eine Diplomarbeit bei einem Industriepartner zu betreuen, sowie Herrn Professor Peter Dadam für die Übernahme der Zweitkorrektur und seine Ermutigung, eine wissenschaftliche Karriere anzustreben. Meinen Vorgesetzten bei den Metabowerken, Herrn Peter Fischer und Herrn Manfred Pobig, danke ich sehr für ihre Unterstützung während meiner Diplomarbeit und während der Entstehung dieses Buches zusammen mit allen weiteren Kollegen bei den Metabowerken, die mit Ihrer Diskussionsbereitschaft bei der Entwicklung der in diesem Buch vorgestellten Hinweise und Ratschläge mitgeholfen haben. Darüber hinaus gebührt mein Dank meinem Vetter, Rechtsanwalt Jan Schaufler, der mich bei der Erstellung des juristischen Abschnitts dieses Buches unterstützt und beraten hat.

Weiterhin haben Vertreter der in diesem Buch vorgestellten Unternehmen mit Material, Ratschlägen und Korrekturen zum Entstehen dieses Buches beigetragen. In der Reihenfolge des Erscheinens der Unternehmen in diesem Buch möchte ich danken: Frau Cornelia Simm und Herrn Marco Freund von der Healy Hudson GmbH, Herrn Paul Dachtler, Herrn Michael Fieg, Herrn Benjamin van Husen und Herrn Marcel Will von der Heiler Software AG, Frau Katrin Senkel von der Mercateo AG, Herrn Andreas Bernhard und Herrn Eckhard Motzel von der Portum AG und Frau Sabine Kuszli und Herrn Stefan Ernst von der SourcingParts SA.

Im Januar 2007 Patrick Stoll

Inhalt

1 Einleitung

1.1 Ausgangssituation

Nachdem die Sparpotentiale in Produktion und Vertrieb weitgehend ausgeschöpft sind, bietet der Einkauf als verbliebener großer Funktionsbereich der Unternehmen erhebliches Sparpotential. Die elektronischen Werkzeuge für die Unterstützung und Umsetzung des Einkaufsprozesses werden unter dem Begriff E-Procurement zusammengefasst.

Durch den nach wie vor vorhandenen Druck zu Einsparungen bei den Unternehmen wird die Entwicklung am Markt für E-Procurement-Werkzeuge weiter vorangetrieben. Am Markt konnten sich diejenigen Anbieter halten, die über die Bereitstellung von Software hinaus Beratungsleistungen und Know-how angeboten haben. Aus den Fehlschlägen von Unternehmen, die ohne vorherige gründliche Überarbeitung ihrer Beschaffungsprozesse eine Lösung einführten, lässt sich schließen, dass zu einer E-Procurement-Lösung mehr gehört als nur Software. Es kann eindeutig festgestellt werden, dass nach wie vor im Bereich des E-Procurement bei den meisten Unternehmen Nachholbedarf besteht und durch geeigneten Einsatz von E-Procurement-Lösungen erhebliche Potentiale realisiert werden können.

Diese Potentiale für Einsparungen im Einkauf entstehen durch die von der traditionellen Einkaufsorganisation verursachten Friktionen. Diese Friktionen werden durch undifferenzierte Behandlung der beschafften Güter sowie unnötig komplizierte Beschaffungsprozesse verursacht.

1.2 Probleme im traditionellen Einkauf

Die Problematik im Einkauf, die Treiber des E-Procurement ist, lässt sich am Besten anhand eines einfachen, in diesem Fall bewusst extrem gewählten Beispiels verdeutlichen:

Ein Mitarbeiter benötigt einen neuen Bleistift. Dazu füllt er eine Bestellanforderung (BANF) aus, lässt seinen Vorgesetzten gegenzeichnen und leitet die BANF an den Einkauf weiter. Im Einkauf wird ein geeigneter Lieferant gefunden, mit diesem verhandelt, danach der Bleistift bei dem Lieferanten bestellt. Der Lieferant schickt nach Erhalt der Bestellung eine Auftragsbestätigung. Sobald der Bleistift geliefert wird, schickt der Wareneingang den Lieferschein an den Lieferanten zurück und informiert den Mitarbeiter, dass seine Bestellung eingetroffen ist. Der Lieferant schickt eine Rechnung, diese wird vom Einkauf an die Buchhaltung zur Bezahlung weitergeleitet. Die Buchhaltung prüft die Rechnung, überweist den Rechnungsbetrag und leitet den Vorgang an das Controlling weiter.[1]

Produktkosten: ca. 0,70€

Prozesskosten: ca. 100,00€

Es lässt sich erkennen, dass der traditionelle Einkauf mit einer Reihe von Problemen zu kämpfen hat:[2]

- Fokussierung auf den operativen Bereich, d.h. auf Bestellabwicklung

- Mangelnde Unterstützung des strategischen Bereichs

- Unnötige Zentralisierung; alles läuft über den Zentraleinkauf

- Manuelle, papierbasierte Prozesse

- Medienbrüche

- Beschaffung außerhalb verhandelter Kontrakte

- Viele Klein- und Kleinstaufträge

Der Einkaufsprozess auf Papierbasis ist:[3]

- Kostenintensiv

- Fehleranfällig

- Organisatorisch und zeitlich aufwendig

- Unkontrollierbar

Im Bereich der geringwertiger Güter, insbesondere beim täglichen Arbeitsplatzbedarf, kann die Anzahl der Lieferanten derart überhand nehmen, dass für fast jeden Artikel ein eigener Lieferant existiert, teilweise auch an den offiziellen Lieferantenbindungen vorbei (siehe Abbildung 1). Dies wird als Maverick Buying bezeichnet, weil jeder dort einkauft, wo es ihm gerade gefällt.[4]

---

[1]   Vgl. Trimondo GmbH, heute IBX Group AB
[2]   Vgl. Flicker, Alexandra, Höller, Johann (2001) S. 20
[3]   Vgl. Nenninger, Michael (1999), S. 13
[4]   Vgl. Hornyak, Steve, Ostrander, Todd (o. J.) Abs. 5

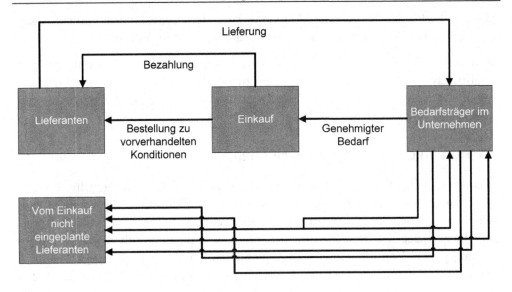

Abbildung 1.1: Maverick Buying[5]

1.3 Einsparungen durch Einsatz von E-Procurement

Durch Lösung der Probleme im Einkauf können also erhebliche Einsparungen erzielt werden. Ziel hierbei muss die Vereinfachung der operativen Einkaufsprozesse, sowie die stärkere Fokussierung auf den strategischen Einkauf sein. Im operativen Bereich bieten sich Einsparungen im Bereich der Prozesskosten an.

Der im oben geschilderten Prozess der Beschaffung geringwertiger Güter entstehende Abwicklungsaufwand lässt sich durch den Einsatz eines elektronischen Bestellsystems erheblich reduzieren: Der Mitarbeiter aus dem obigen Beispiel ruft über seinen Webbrowser den elektronischen Katalog des Unternehmens für Büromaterial auf und wählt den benötigten Artikel aus. Genehmigung, Bestellung und Auftragsbestätigung erfolgen dabei automatisch. Nach der Lieferung stellt der Lieferant elektronisch seine Rechnung aus, die ebenfalls automatisch geprüft und beglichen wird.

Bei hochwertigen Gütern hingegen liegt das größte Potential in der optimalen Unterstützung der einzelnen Prozessschritte. Hier rechtfertigt der hohe Wert der be-

---

5 Vgl. Nenninger, Michael (1999) S. 13

schafften Güter den betriebenen Aufwand. Hier steht beim Einsatz von elektronischer Unterstützung folglich das Ergebnis des Prozesses im Vordergrund.

Es kann festgestellt werden, dass die Auswahl des geeigneten elektronischen Beschaffungswerkzeugs erheblich von den zu beschaffenden Gütern abhängt. Die Systematisierung des Beschaffungsportfolios ist also entscheidend für die Auswahl geeigneter E-Procurement-Werkzeuge.

1.4 Aufbau des vorliegenden Buches

In diesem Buch wird ein Überblick über E-Procurement, seine Begriffe, Hintergründe und den heutigen State-of-the-Art gegeben. Da häufig Missverständnisse zwischen den an einer Einführung von E-Procurement Beteiligten durch unterschiedliche Belegung desselben Begriffs entstehen, werden einheitliche Definitionen angegeben. Von den am Markt verwendeten Standards und angebotenen Lösungen werden ausgewählte Vertreter behandelt. Um möglichst nahe an der Praxis zu sein, wird abschließend eine reale Implementierung einer E-Procurement-Lösung vorgestellt: das Elektronische Bestell Portal (EBP)-System der Metabowerke GmbH.

Die Kapitel des vorliegenden Buches sind vom Allgemeinen zum Speziellen verlaufend angeordnet, um einen Einstieg in die Thematik möglichst einfach zu machen. Jedem Kapitel liegt die Beantwortung einer bestimmten Fragestellung zugrunde.

Kapitel	Fragestellung
Kapitel 1 Einleitung	Welches Problem wird in diesem Buch betrachtet?
Kapitel 2 Der Begriff des E-Procurement	Welches Wissen ist erforderlich, um E-Procurement-Systeme zu verstehen und erfolgreich einzusetzen?
Kapitel 3 Anforderungen an E-Procurement-Lösungen	
Kapitel 4 Standards für E-Procurement	Welche wesentlichen Standards für E-Procurement existieren?
Kapitel 5 Betrachtung ausgewählter Anbieter	Welche Arten von Anbietern von E-Procurement-Lösungen sind am Markt?
Kapitel 6 Die E-Procurement-Lösung der Metabowerke GmbH	Welche Erfahrungen wurden mit E-Procurement gemacht?
Kapitel 7 Ausblick	Welche weiteren Entwicklungen sind zu erwarten?

Abbildung 1.2: Aufbau des Buchs

Welches Wissen ist erforderlich, um E-Procurement-Systeme zu verstehen und erfolgreich einzusetzen?

Kapitel 2 beginnt mit der Klärung der Begrifflichkeiten um E-Procurement, sowie den verschiedenen Möglichkeiten der Umsetzung im strategischen und operationalen Einkauf. Kapitel 3 erklärt detailliert die für einen erfolgreichen Einsatz von

E-Procurement im Unternehmen notwendigen Veränderungen der Geschäftsprozesse und deckt den juristischen und sicherheitstechnischen Klärungsbedarf ab.

Welche wesentlichen Standards für E-Procurement existieren?

In Kapitel 4 werden die für den Einsatz einer E-Procurement-Lösung notwendigen Standards vorgestellt. Jeweils erfolgt eine detaillierte Betrachtung der vorhandenen technischen Möglichkeiten sowie der Vor- und Nachteile.

Welche Arten von Anbietern von E-Procurement-Lösungen sind am Markt?

Kapitel 5 gibt einen Überblick über die verschiedenen am Markt angebotenen Lösungen. Die am Markt aktiven Anbieter werden anhand der vorher betrachteten Lösungen kategorisiert, und aus jeder Kategorie wird ein Beispiel vorgestellt.

Welche Erfahrungen wurden mit E-Procurement gemacht?

Als Fallbeispiel dient in Kapitel 6 die E-Procurement-Lösung der Metabowerke GmbH. Hier wird die Umsetzung der zuvor erläuterten Konzepte detailliert gezeigt. Die von den Metabowerken eingesetzte E-Procurement-Lösung wird vorgestellt, sowie Optionen zum weiteren Ausbau aufgezeigt.

Welche weiteren Entwicklungen sind zu erwarten?

In Kapitel 7 wird nach einem Fazit ein Ausblick auf die kommende Entwicklung im Bereich E-Procurement gegeben und anhand der bisherigen Entwicklungen die bedeutenden Trends aufgezeigt.

Dieses Buch ist als Leitfaden zur Einführung in die Thematik des E-Procurement anhand eines Beispiels aus der Praxis gedacht und nicht als umfassendes Nachschlagewerk. Insbesondere die Beispiele für momentane Standards und Angebote am Markt erheben in keiner Weise Anspruch auf Vollständigkeit.

2 Der Begriff des E-Procurement

Für die nachfolgenden Betrachtungen zu E-Procurement ist es erforderlich, zunächst die Begriffe des E-Procurement und seines Ursprungs, des Einkaufs, zu klären. Anschließend ist eine Zielsetzung zu definieren, um sicherzustellen, dass eine Lösung mit dem korrekten Zielschwerpunkt ausgewählt wird.

2.1 Grundlagen des Einkaufs

Den Ausgangspunkt des E-Procurement bildet der Einkauf. Die Klarstellung der Grundlagen des Einkaufs ist essentiell für ein Verständnis von E-Procurement, da die Wirkungsmechanismen von E-Procurement an den beschriebenen Problemen des Einkaufs ansetzen.

2.1.1 Definitionen

Die Begriffe um E-Procurement leiten sich aus den englischsprachigen Begriffen des Einkaufs ab. Um eine Definition von E-Procurement zu ermöglichen, sind daher zunächst die Begriffe Versorgung, Beschaffung, Einkauf, Materialwirtschaft, Logistik, Sourcing und Ordering zu klären.[1]

Die Aufgabe der Versorgung eines Unternehmens ist die Bereitstellung der benötigten Güter bei den Bedarfsträgern des Unternehmens. Die Versorgung kann, wie in Abbildung 2.1 gezeigt, unterteilt werden in die Bereiche Materialwirtschaft, Logistik und Beschaffung.[2]

---

[1] Vgl. Bauer, R. et al. (2001) S. 12
[2] Vgl. Arnold, Ulli (1997) S. 1-2

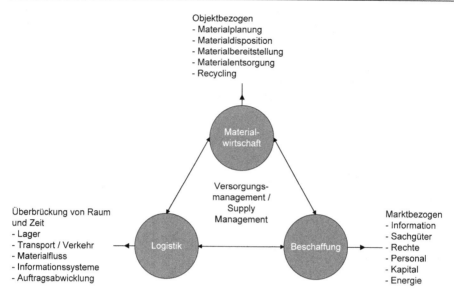

Abbildung 2.1: Versorgung[3]

Logistik ist die „Planung, Gestaltung, Abwicklung und Kontrolle des gesamten Material- und dazugehörigen Informationsflusses zwischen einem Unternehmen und seinen Lieferanten, innerhalb eines Unternehmens sowie zwischen einem Unternehmen und seinen Kunden."[4]

„Materialwirtschaft umfasst sämtliche Vorgänge innerhalb eines Unternehmens, die der wirtschaftlichen Bereitstellung von Materialien dienen, mit dem Ziel, ein materialwirtschaftliches Optimum zu erreichen."[5] Das materialwirtschaftliche Optimum ist die Bereitstellung der richtigen Güter zur richtigen Zeit in der richtigen Menge am richtigen Ort.[6]

„Beschaffung umfasst somit sämtliche unternehmens- oder marktbezogenen Tätigkeiten, die darauf gerichtet sind, dem Unternehmen die benötigten, aber nicht selbst hergestellten Objekte verfügbar zu machen."[7]

---

[3] Arnold, Ulli (1997) S. 9
[4] Schulte, Christof (2005) S. 1
[5] Arnold, Ulli (1997) S. 8
[6] Vgl. Arnold, Ulli (1997) S. 8
[7] Arnold, Ulli (1997) S. 3

Der Begriff der Beschaffung ist am ehesten mit dem englischen Begriff „Procurement" gleichzusetzen. Es ist erkennbar, dass diese Definition intuitiv auch auf den Begriff Einkauf passt. Daher werden Einkauf und Beschaffung, sowie ihre englischen Entsprechungen Purchasing und Procurement, in der Praxis häufig synonym verwendet.[8]

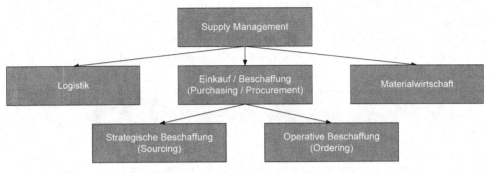

Abbildung 2.2: Einordnung der Beschaffung

Der Beschaffungsprozess lässt sich in strategische und operative Beschaffung untergliedern.[9] Die strategische Beschaffung ist dabei der operativen vorgelagert. Im strategischen Teil wird festgestellt, was benötigt wird, ein geeigneter Lieferant gefunden und mit ihm ein Vertrag geschlossen. Im operativen Teil wird der geschlossene Vertrag abgewickelt.

Unter Sourcing wird die Suche und Auswahl von geeigneten Lieferanten und die Verhandlung mit diesen verstanden.[10] Hier wird über die Herkunft der für den Unternehmensprozess benötigten Güter und Leistungen unter Berücksichtigung der Zielgrößen Qualität, Zeit und Kosten entschieden.[11] Demzufolge entspricht Sourcing dem strategischen Teil des Beschaffungsprozesses.

Ordering ist die Abwicklung einer Bestellung bei einem ausgewählten Lieferanten, also der operative Teil des Beschaffungsprozesses.

---

[8] Vgl. Bauer, R. et al. (2001) S. 12
[9] Vgl. Kapitel 2.1.2
[10] Vgl. Landeka, Davor (2002) S. 16
[11] Vgl. Wolff, Astrid (1998) S. 5

2.1.2 Strategische und Operative Beschaffung

Wie erwähnt lässt sich der Beschaffungsprozess in strategische und operative Beschaffung unterteilen. In der strategischen Beschaffung werden der Bedarf ermittelt, Lieferanten gefunden (Anbahnung), ein Lieferant ausgewählt und ein Vertrag mit diesem Lieferanten geschlossen (Vereinbarung). In der operativen Beschaffung wird der Vertrag abgewickelt (Abwicklung) und die Einhaltung des Vertrages sowie die korrekte Durchführung geprüft (Kontrolle). Diese vier Elemente lassen sich weiter in die einzelnen Prozessschritte unterteilen (siehe Abbildung 2.3).

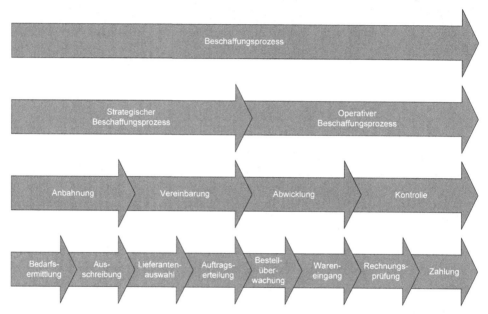

Abbildung 2.3: Schritte des Beschaffungsprozesses[12]

Der heutige Fokus im Einkauf liegt vor allem auf der Abwicklung und Kontrolle der Bestellungen, der Einkauf wird, wie Abbildung 2.4 zeigt, als „verlängerter Arm der Produktion" gesehen.[13]

---

[12] Vgl. Nenninger, Michael (1999) S. 12
[13] Vgl. Müller, Eva (2004) Abs. 2
Vgl. Arnold, Ulli (1997) S. 15 und S. 56
Vgl. Wirtz, Bernd (2001) S. 299

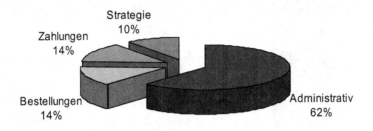

Abbildung 2.4 : Heutiger Beschaffungsfokus[14]

2.1.3 ABC-Analyse

Das wichtigste Werkzeug zur Unterteilung des Beschaffungsportfolios nach geeigneten Kriterien ist die ABC-Analyse. Hier werden die eingekauften Güter in drei Kategorien, mit A, B und C bezeichnet, unterteilt, was der Methode ihren Namen gibt. Diese Aufteilung erfolgt im Einkauf entlang der Relation von eingekaufter Menge zu eingekauftem Wert.[15]

Es fällt auf, dass in der Regel einerseits eine relativ kleine Menge des eingekauften Materials einen hohen Wertanteil hat, die A-Güter, während andererseits eine relativ große Menge nur einen sehr geringen Wertanteil hat, die C-Güter. Zahlenmäßig fallen die meisten Beschaffungsvorgänge und die meisten Lieferanten in die Kategorie der C-Güter, während sie wie beschrieben wertmäßig so gut wie keine Rolle spielen (siehe Abbildung 2.5).

---

[14] Vgl. Nekolar, Alexander-Philip (2003) S. 4
[15] Vgl. Wolff, Astrid (1998) S. 42

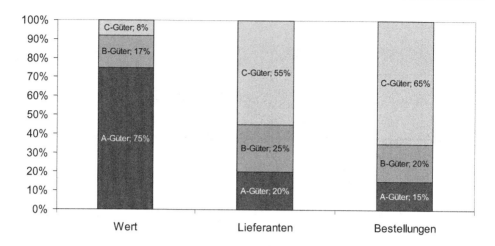

Abbildung 2.5: typische ABC-Analyse[16]

Die bekannteste Darstellung der ABC-Analyse ist die in Abbildung 2.6 gezeigte Lorenzkurve. Hier werden Wertanteil und Mengenanteil auf den Achsen abgetragen. Dadurch wird der Unterschied zwischen A-Gütern und C-Gütern besonders gut sichtbar.[17]

---

[16] Vgl. Wolff, Astrid (1998) S. 49
[17] Vgl. Wolff, Astrid (1998) S. 48

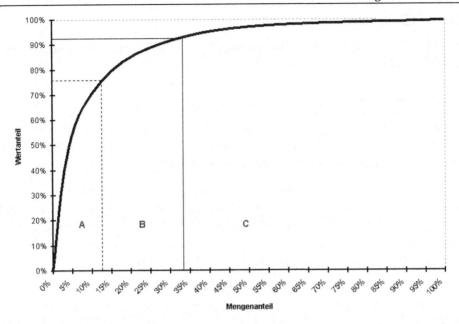

Abbildung 2.6: Lorenzkurve[18]

Hieraus lässt sich folgern, dass jede dieser Kategorien unterschiedlich zu behandeln ist und dass die Kostentreiber in diesen Kategorien verschieden sind.

Bei den A-Gütern spielen die Kosten des Beschaffungsprozesses eine relativ geringe Rolle, da hier mit wenigen Prozessdurchläufen ein großer Wert beschafft wird. Beispiele für A-Güter sind direkte Produktionsmaterialien und Investitionsgüter.

Bei C-Gütern hingegen wird ein großer Prozessaufwand für ein Gut von relativ geringem Wert verwendet, d.h. hier ist der hauptsächliche Kostentreiber nicht der Preis des Artikels, sondern die vom Beschaffungsprozess verursachten Kosten. Beispiele für C-Güter sind indirekte Güter wie Büromaterialien, Elektronik- oder Ersatzteile.

Güter der Kategorie B nehmen eine Mittelstellung ein und sollten je nach konkreter Situation unterschiedlich behandelt werden.[19]

---

[18] Vgl. Schulte, Christof (2005) S. 308
[19] Vgl. Wolff, Astrid (1998) S. 50-51

2.1.4 XYZ-Analyse

Die XYZ-Analyse ist eine Erweiterung der ABC-Analyse. Sie teilt die beschafften Güter nach der Regelmäßigkeit des Kaufs ein. X-Güter werden relativ konstant beschafft, Y-Güter unterliegen regelmäßigen Schwankungen, z.B. saisonbedingt, und Z-Güter werden unregelmäßig beschafft.[20]

Ebenfalls zu berücksichtigen ist die Kaufklasse des beschafften Gutes. Der Kaufklassenansatz teilt die beschafften Güter danach ein, ob die Beschaffung ein Erstkauf, ein Neukauf, oder nur eine Wiederbeschaffung ist.[21]

Je nach Kaufklasse kann sich die XYZ-Position ändern. Wenn ein Produkt zum ersten Mal beschafft wird, kann die Beschaffung nicht regelmäßig sein, daher fällt es in die Klasse Z. Wird das Produkt in die Wertschöpfungskette des Unternehmens integriert, wird sichtbar, wann es erneut beschafft werden muss, und mit der Kaufklasse ändert sich auch die Position in der XYZ-Analyse.

Die kombinierte ABC-/XYZ-Analyse erzeugt eine 3x3 Matrix:

Vorhersagegenauigkeit	Wertigkeit		
	A	B	C
X	hoher Wertanteil konstanter Bedarf	mittlerer Wertanteil konstanter Bedarf	niedriger Wertanteil konstanter Bedarf
Y	hoher Wertanteil schwankender Bedarf	mittlerer Wertanteil schwankender Bedarf	niedriger Wertanteil schwankender Bedarf
Z	hoher Wertanteil unregelmäßiger Bedarf	mittlerer Wertanteil unregelmäßiger Bedarf	niedriger Wertanteil unregelmäßiger Bedarf

Abbildung 2.7: kombinierte ABC-/XYZ-Analyse[22]

Es existieren andere Ansätze zur Systematisierung des Beschaffungsportfolios eines Unternehmens, die teilweise andere Detaillierungen und Darstellungsformen haben. Beispiele sind die Wertigkeits-Risiko-Matrix und das Kraljic-Portfolio.[23] Die aus diesen Systematisierungen abgeleiteten Aussagen zum Einsatz elektronischer

---

[20] Vgl. Schulte, Christof (2005) S. 309-310
[21] Vgl. Wirtz, Bernd (2001) S. 303
[22] Arnold, Ulli (1997) S. 232
[23] Vgl. Arnold, Ulli (1997) S. 87-90

Beschaffungswerkzeuge sind indes meistens dieselben wie in der ABC-/XYZ-Analyse.

2.1.5 Leistungstiefe

Die Leistungstiefe eines Unternehmens ist das Verhältnis zwischen unternehmensintern erbrachten Leistungen und extern zugekauften Leistungen. Dies gilt sowohl für Fertigungsleistungen als auch für indirekte Leistungen.[24] Die Entscheidung über die Leistungstiefe wird als Make-or-Buy-Entscheidung bezeichnet, da im Einzelnen entschieden wird, ob es effizienter ist, eine Leistung selbst zu erbringen oder zuzukaufen.[25]

Die Leistungstiefe hat erheblichen Einfluss auf die Bedeutung des Einkaufs. Bei einer hohen Leistungstiefe stellt das Unternehmen die meisten benötigten Produktionsgüter selbst her – im Einkauf fallen weniger strategische Aufgaben an, da weniger strategische Güter beschafft werden müssen. Bei der heute von den meisten Unternehmen mit der Konzentration auf Kernkompetenzen angestrebten geringen Leistungstiefe besitzt der Einkauf aber eine große strategische Bedeutung, weil das Unternehmen einen Grossteil der im Produktionsprozess benötigten Güter nicht selbst herstellt.[26] Als Beispiel sei hier die Automobilindustrie genannt, die in vielen Bereichen nur vorgefertigte Baugruppen montiert, die fertig von Lieferanten gekauft werden.

---

[24] Vgl. Wolff, Astrid (1998) S. 17
[25] Vgl. Landeka, Bor (2002) S. 21
[26] Vgl. Eans, Bob et al. (2003) Abs. 3

2.2 E-Procurement

Nachfolgend werden von E-Procurement und seinen Unterbegriffen Definitionen angegeben und die Möglichkeiten und Schwerpunkte gängiger Umsetzungen dargestellt. Der Definition und Einordnung von E-Procurement kommt besondere Bedeutung zu, weil in der bisherigen Praxis oftmals Fehler und Missverständnisse durch unterschiedliche Sichtweisen auftreten.

2.2.1 Definitionen

Zum Begriff E-Procurement werden in der Literatur zahlreiche abweichende Definitionen angegeben. Um dies zu verdeutlichen, sollen einige Beispiele betrachtet werden:

E-Procurement bezeichnet die elektronische Unterstützung der Beschaffung, wobei hier der Business to Business (B2B) im Vordergrund steht.[27]

Electronic Procurement ist die Integration der Informations- und Kommunikationstechnologie zur Unterstützung der operativen Tätigkeiten sowie der strategischen Aufgaben in den Beschaffungsbereichen von Unternehmen.[28]

E-Procurement hilft Unternehmen, Waren und Dienstleistungen zu den geringsten Gesamtkosten zu beschaffen, wobei der gesamte Einkaufsprozess von der Planung über die Beschaffung bis zur Bezahlung automatisiert wird.[29]

E-Procurement bezeichnet die Nutzung von Informations- und Kommunikationstechnologien zur elektronischen Unterstützung und Integration von Beschaffungsprozessen.[30]

Es fällt auf, dass die Definitionen voneinander abweichen, je nachdem welcher Kostentreiber, Produktkosten oder Prozesskosten, als vorrangig betrachtet wird.

Wie erwähnt ist die Grundlage des E-Procurement der Einkauf. Zentrales Anliegen einer Definition und Einordnung der Begriffe des E-Procurement muss daher die

---

[27] Metabowerke GmbH
[28] Wirtz, Bernd (2001) S. 309
[29] Nekolar, Alexander-Philip (2003) S. 1
[30] KPMG Consulting (2000) S. 1

Übereinstimmung mit den Begriffen des Einkaufs sein, mit dem Ziel, Inkonsistenzen zu vermeiden. Das einem Begriff vorgestellte E- meint die elektronische Unterstützung des jeweiligen Vorgangs. Demzufolge unterstützt E-Procurement die Beschaffung elektronisch, umfasst sowohl strategische als auch operationale Beschaffung und trägt, wie bereits angeführt, den unterschiedlichen Kostentreibern Rechnung. Auf Basis dieser Überlegungen kann nun eine Definition angegeben werden:

E-Procurement unterstützt die strategische und operative Beschaffung derart durch elektronische Hilfsmittel, dass der Beschaffungsprozess im Hinblick auf die Kenngrößen Prozesskosten und Prozessergebnis optimal wird.

Entsprechend eingeordnet werden die Begriffe E-Purchasing, E-Sourcing und E-Ordering. Wie auch im Einkauf wird E-Purchasing oft synonym für E-Procurement verwendet, das heißt, die oben genannte Definition kann auch für E-Purchasing verwendet werden. E-Sourcing und E-Ordering bezeichnen jeweils die elektronische Unterstützung für die strategische bzw. operative Beschaffung mit den entsprechenden Schwerpunkten.

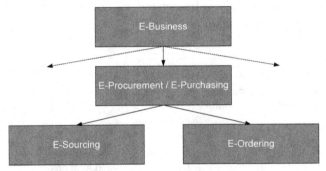

Abbildung 2.8: Einordnung E-Procurement

Die unterschiedlichen Schwerpunkte von E-Sourcing- und E-Ordering-Lösungen lassen sich den folgenden Abbildungen entnehmen. Es werden die Einsparungen an Produktkosten und Prozesskosten von elektronischen Marktplätzen, Auktionsplattformen (E-Sourcing) und Katalogmanagementsystemen (E-Ordering) verglichen.[31]

---

[31] Vgl. Arthur Andersen Consulting (2002) S. 30

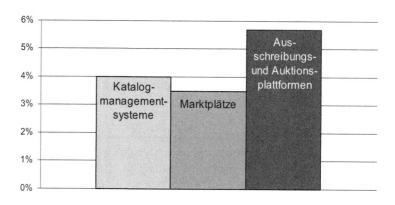

Abbildung 2.9: Einsparungen an Produktkosten[32]

Es lässt sich feststellen, dass bei E-Sourcing-Lösungen die Einsparung von Produktkosten im Vordergrund steht, während bei E-Ordering-Lösungen Prozesskosten eingespart werden sollen. Dies ist einleuchtend, wenn man betrachtet, dass im Sourcing der Kostentreiber die Produktkosten sind, während im Ordering die Prozesskosten den Hauptanteil stellen.

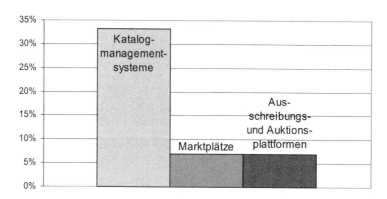

Abbildung 2.10: Einsparungen an Prozesskosten[33]

---

[32] Arthur Andersen Consulting (2002) S. 30
[33] Vgl. Arthur Andersen Consulting (2002) S. 30

Aus der Matrix der kombinierten ABC-/XYZ-Analyse (Abbildung 2.7) lässt sich für jedes Gut eine Beschaffungsstrategie ableiten und eine geeignete E-Procurement-Lösung auswählen:

		Wertigkeit		
		A	B	C
Vorhersagegenauigkeit	X	geeignet für E-Collaboration	geeignet für elektronische Ausschreibungen	Abwicklung über käuferseitigen Katalog
	Y	geeignet für elektronische Ausschreibungen und Auktionen		
	Z			Abwicklung über katalogbasierten Marktplatz

Abbildung 2.11: Auswertung kombinierte ABC-/XYZ-Analyse

A-Güter eignen sich zur Beschaffung über elektronische Ausschreibungen und Auktionen, um die Produktkosten zu reduzieren. Besondere Beachtung verdienen die AX-Güter: Hier kann aufgrund der regelmäßigen Beschaffung eine elektronische Partnerschaft mit dem Lieferanten angedacht werden.

B-Güter sind ebenfalls zur Beschaffung über elektronische Ausschreibungen geeignet, jedoch sind elektronische Auktionen aufgrund des geringeren Einkaufswertes nur bedingt sinnvoll.

C-Güter werden am besten über elektronische Kataloge beschafft. Die regelmäßig beschafften CX- und CY-Güter können zur optimalen Abwicklung über einen käuferseitigen Katalog beschafft werden. CZ-Güter sollten in eine eigene Kataloglösung hingegen nicht aufgenommen werden – hier rechnet sich das erforderliche Content-Management[34] im Vergleich zu den eingesparten Prozesskosten nicht.[35]

2.2.2 E-Ordering

Im Vordergrund von E-Ordering-Lösungen steht die Unterstützung und Automatisierung des Bestellprozesses bei C-Gütern. Preisverhandlungen und Konditionen werden nicht berücksichtigt.[36] E-Ordering-Lösungen basieren in der Regel auf

---

[34] Vgl. Kapitel 3.2.3
[35] Vgl. Hafner, Petra (2001) S. 8
[36] Vgl. Aust, Eberhard et al. (2000) S. 40

elektronischen Produktkatalogen, aus denen der Besteller das benötigte Produkt auswählt. Die entstandene Bestellung, der sog. Warenkorb, wird dann automatisch an den Lieferanten übertragen, verbucht und die Bezahlung veranlasst (siehe Abbildung 2.12). Die Funktionalität der Lösung umfasst den gesamten operativen Bestellprozess, einschließlich Verfügbarkeitsprüfung, Genehmigungen, Wareneingang und Rechnungsprüfung.

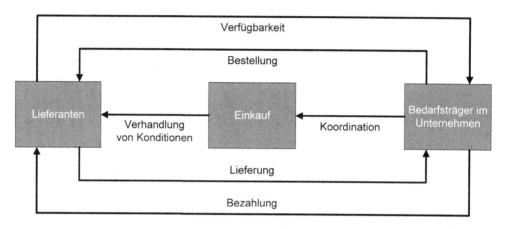

Abbildung 2.12: Ablauf elektronischer Beschaffung von C-Gütern[37]

Im Wesentlichen gibt es für die Umsetzung von E-Ordering drei Möglichkeiten: Einkauf über eine externe Lösung auf Verkäuferseite (Sell-Side), Erstellung einer eigenen Lösung unternehmensintern (Buy-Side) und Einkauf auf einem katalogbasierten Marktplatz (Intermediär).[38] Die Einteilung erfolgt also anhand der Katalogverantwortlichkeit. Es ist auch eine Einteilung nach anderen Kriterien möglich, z.B. nach Art der beschafften Güter, aber der in Abbildung 2.13 dargestellte Ansatz anhand der Katalogverantwortlichkeit ist der beliebteste.[39]

---

[37] Vgl. Nenninger, Michael (1999) S. 14
[38] Vgl. Arthur Andersen Consulting (2000) S. 9-10
Vgl. Bogaschewsky, Ronald (1999) S. 26
[39] Vgl. Nekolar, Alexander-Philip (2003) S. 7-8

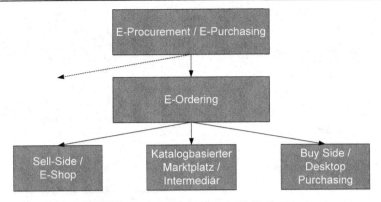

Abbildung 2.13: Einordnung E-Ordering

E-Ordering-Lösungen sind als Einführungsprojekt sehr beliebt, weil risikolos, da in der Regel nur Produkte beschafft werden, die nicht direkt in den Produktionsprozess eingehen und daher bei Problemen keine Ausfälle zu befürchten sind.[40]

2.2.2.1 Sell-Side-Lösung

Am weitesten verbreitet ist die Lösung auf Verkäuferseite, da mit der Entwicklung des Handels über das Internet vor allem auf Vertriebsseite nach Möglichkeiten gesucht wurde, das Internet als Transaktionskanal zu nutzen. Bei dieser Lösungsart liegt der Katalog beim Verkäufer und wird auch vom Verkäufer erstellt und gepflegt. Der Zugang zum Katalog kann entweder offen (E-Shop) oder geschlossen, das heißt auf bestimmte Partner beschränkt, sein. Offener Zugang erfordert keine Vorbereitungen wie Rahmenverträge oder ähnliches, aber nur bei geschlossenem Zugang können z.B. spezielle Konditionen aus Rahmenverträgen eingebunden werden.[41]

---

[40] Vgl. Kapitel 4.6.1
[41] Vgl. Hafner, Petra (2001) S. 9

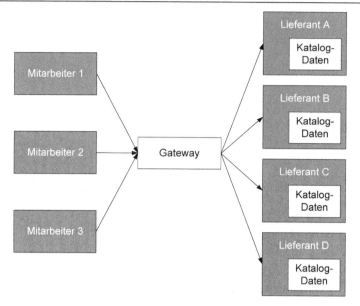

Abbildung 2.14: Sell-Side-Lösung[42]

Vorteil dieser Lösung ist, dass für das einkaufende Unternehmen keine zusätzlichen Kosten entstehen, da sämtliche Arbeit auf Verkäuferseite erfolgt.[43] Für sehr spezielle, anpassbare oder konfigurierbare Produkte ist diese Lösung die beste.

Nachteil ist, dass beim Einkauf bei mehreren Anbietern kein direkter Vergleich möglich ist, vom einkaufenden Mitarbeiter bei mehreren Lieferanten verschiedene Oberflächen navigiert werden müssen und die Suche nach Produkten deshalb sehr aufwändig wird.[44] Darüber hinaus ist in der Regel keine Anbindung an das Back-End-System des Einkäufers vorgesehen, was in diesem Bereich eine Automatisierung unmöglich macht.

2.2.2.2 Buy-Side-Lösung

Das Gegenstück zur Lösung auf Verkäuferseite ist die Lösung auf Käuferseite oder auch Buy-Side-Lösung. Hierbei bekommt das Unternehmen vorab die Kataloge mit den Produktdaten seiner Lieferanten zur Verfügung gestellt, erstellt aus ihnen einen Multi-Lieferanten-Katalog (MLK) und stellt diesen seinen Bestellern über ein

---

[42] Vgl. Nekolar, Alexander-Philip (2003) S. 8

[43] Vgl. Hoffmann & Zachau Unternehmensberatung (2000) S. 22

[44] Vgl. Brenner, Walter / Lux, Andreas (2000) S. 161

internes System, oft Desktop Purchasing System (DPS) genannt, zur Verfügung.[45] Bei einer Bestellung wird der aus dem MLK zusammengestellte Warenkorb vom DPS an den Lieferanten übermittelt und die Bestellung im Back-End-System verbucht. Die Lösung bietet also über den MLK hinaus zusätzliche Funktionalität, z.B. Suchfunktionen, Back-End-Anbindung, usw., und sollte nicht mit ihm gleichgesetzt werden.

Die Erstellung des MLK kann auch durch einen Drittanbieter, auch Content-Broker genannt, erfolgen. Der Drittanbieter zieht hieraus den Vorteil, dass diese Tätigkeit seine Kernkompetenz darstellt; und das einkaufende Unternehmen muss nicht über das gesamte Know-How verfügen.[46]

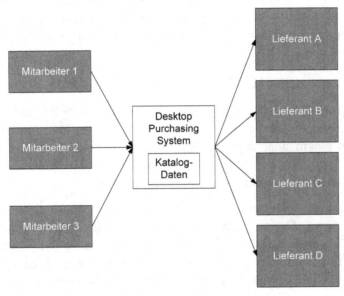

Abbildung 2.15: Buy-Side-Lösung[47]

Der Vorteil von Lösungen auf Einkaufsseite besteht darin, dass die Produkte aller Lieferanten in einem System gehalten werden und von den Mitarbeitern nur eine

---

[45] Vgl. Hafner, Petra (2001) S. 12
[46] Vgl. Brenner, Walter / Lux, Andreas (2000) S. 163
[47] Vgl. Nekolar, Alexander-Philip (2003) S. 9

Oberfläche navigiert werden muss, was die Suche und den Vergleich von Produkten unterstützt.[48]

Neben den Vorzügen, die bereits für Buy-Side-Lösungen gelten, hat die Abwicklung über Drittanbieter den Vorteil, dass der Katalog eines Lieferanten, den mehrere einkaufende Unternehmen benötigen, nur einmal gepflegt werden muss und hierdurch Einsparungen möglich sind.[49] Weiterhin lässt sich der Aufbau einer Lösung mit einem Drittanbieter oft schneller umsetzen, da dieser sein Know-how mit einbringt und Startprobleme insbesondere bei der Erstellung des MLK vermieden werden können.

Der hauptsächliche Nachteil einer Buy-Side-Lösung sind die erheblichen Kosten, da die gesamte Realisierung und Datenpflege beim beschaffenden Unternehmen liegen. Die Einführung einer solchen Lösung kann deshalb einen erheblichen Zeitaufwand erfordern.

2.2.2.3 Katalogbasierter Marktplatz

Katalogbasierte Marktplätze funktionieren im Prinzip wie Sell-Side-Lösungen, nur dass hier nicht jeder Anbieter separat seine Katalogdaten hält, sondern die Katalogdaten von einem unabhängigen Anbieter gesammelt werden und zentral im Internet zur Verfügung stehen. Der Zugang zum Marktplatz kann wie bei der Sell-Side-Lösung entweder offen oder geschlossen sein.[50]

Im Gegensatz zu den übrigen Marktplätzen sind katalogbasierte Marktplätze für den Einkauf von C-Gütern gedacht und somit eher dem E-Ordering als dem E-Sourcing zuzuordnen. Dies lässt sich auch daran festmachen, dass auf katalogbasierten Marktplätzen in der Regel keinerlei Mechanismus zur Preisfindung vorgesehen ist, da die dort verkauften Güter in der Regel C-Güter sind.

---

[48] Vgl. Brenner, Walter / Lux, Andreas (2000) S. 162
[49] Vgl. Landeka, Davor (2002) S. 115
[50] Vgl. Nekolar, Alexander-Philip (2003) S. 9

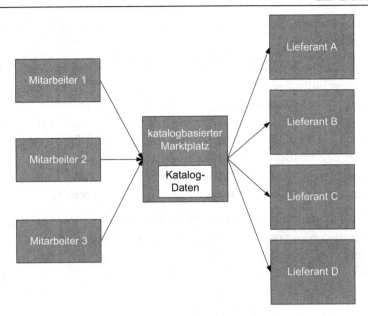

Abbildung 2.16: Katalogbasierter Marktplatz[51]

Der Vorteil eines katalogbasierten Marktplatzes ist, dass das einkaufende Unternehmen ohne großen Aufwand Zugriff auf eine breite Palette von gut vergleichbaren Produkten erhält und von den Bestellern nur eine Oberfläche navigiert werden muss. Wie auch bei der Sell-Side-Lösung entstehen wenig zusätzliche Kosten.[52] Nachteil ist, dass auch hier in der Regel keine Anbindung an das Back-End-System des Einkäufers vorgesehen ist.

2.2.3 E-Sourcing

E-Sourcing-Lösungen basieren auf elektronischen Marktplätzen, über die Waren und Dienstleistungen gehandelt werden, auch elektronische Handelsplattformen genannt. Ziel ist es, Einkäufern und Verkäufern Zugriff auf möglichst viele potentielle Geschäftspartner zu bieten und das Zustandekommen der Geschäfte zu optimieren.[53] Es wäre extrem aufwändig, in der physischen Welt genügend Einkäufer und Verkäufer zusammenzubringen, um eine vergleichbare Plattform zu starten;

---

[51] Vgl. Nekolar, Alexander-Philip (2003) S. 10
[52] Vgl. Hafner, Andrea (2001) S. 31
[53] Vgl. Aust, Eberhard et al. (2000) S. 48

ein virtuelles Zusammentreffen hingegen kann unabhängig von räumlichen Gegebenheiten stattfinden.[54]

Es sollte beachtet werden, dass der Begriff Marktplatz in diesem Fall nicht die Methode der Preisbildung meint. Preisbildung nach der Marktplatzmethode würde bedeuten, dass der Preis eines Produkts durch reines Aufeinandertreffen von Angebot und Nachfrage ermittelt werden würde. Durch den zentralen Ablauf auf der Plattform wird die Transparenz der Marktstrukturen und Preise erhöht, wodurch der Markt auf der Plattform sich an den optimalen Markt annähert. Dieser Effekt reicht allerdings nicht soweit, dass sich der optimale Preis „von allein" bilden würde, es sind spezielle Verfahren zur Preisfindung erforderlich.

In Abbildung 2.17 sind die E-Sourcing-Plattformen entlang ihres Mechanismus zur Preisfindung, also funktional, eingeteilt, weil das jeweilige Verfahren zur Preisfindung von größerer Bedeutung als die Struktur der einzelnen Plattformen ist. Dies ist als alleiniges Einteilungskriterium aber nicht ausreichend, da die meisten Plattformen mehr als eine, bzw. eine Kombination dieser Optionen anbieten.

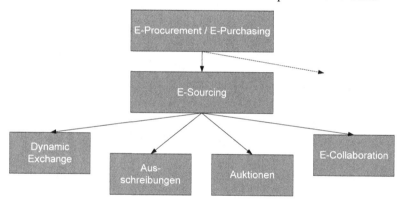

Abbildung 2.17: Einordnung E-Sourcing (funktionale Aufteilung)

Weiterhin sind zwar alle Plattformen, die im Internet präsent sind, theoretisch global,[55] es lässt sich aber erkennen, dass die einzelnen Plattformen in ihrer Produktpalette, ihrer Orientierung an Käufer oder Verkäuferseite und ihren Zugangsbedingungen erhebliche Unterschiede aufweisen. Daher werden zunächst struktu-

---

[54] Vgl. Hoffmann & Zachau Unternehmensberatung (2000) S. 23
[55] Vgl. Hafner, Petra (2001) S. 25

relle Kriterien für die Einteilung der Plattformen angegeben, die einzelnen Mechanismen zur Preisfindung werden anschließend betrachtet.[56]

- Ausrichtung der Produktpalette: Für die Struktur der auf einer Plattform gehandelten Produkte gibt es im Wesentlichen drei Ausrichtungen: Horizontale, vertikale und regionale Plattformen.

  Horizontale Plattformen bieten eine bestimmte Kategorie von Produkten (z.B. Elektronik) branchenübergreifend, d.h. für sämtliche Marktteilnehmer an. Diese Plattformen werden auch Contentportale genannt, weil ihre Ausrichtung durch ihr Produktportfolio, den Content, erfolgt.

  Vertikale Plattformen versuchen den gesamten Bedarf einer Branche zu handeln, z.B. der Automobilindustrie. Sie werden auch Communityportale genannt, weil ihr Produktportfolio von ihrer Branche, der Community, bestimmt wird.

  Regionale Plattformen handeln Produkte nur für eine bestimmte Region. Sie sind meistens im Agrar- und Lebensmittelbereich zu finden.

- Orientierung: Je nachdem von welcher Seite, Einkauf oder Verkauf, eine Plattform initiiert wurde, ist eine Orientierung an den Bedürfnissen der jeweiligen Partei erkennbar.

  Plattformen der Einkäuferseite verfügen in der Regel über gute Mechanismen zur Erzeugung von Wettbewerb und Suchmöglichkeiten, Plattformen auf Verkäuferseite sind dazu konstruiert, den Vertrieb der Produkte zu vereinfachen und das Angebot an Produkten optimal darzustellen. Der primitivste Fall ist jeweils die Veröffentlichung des Angebots oder der Nachfrage auf der eigenen Homepage. Für große Unternehmen ist die Eröffnung einer eigenen Plattform eine gute Option, um ihre Bedürfnisse optimal bedienen zu können und vor allem auf Einkaufsseite ihre Einkaufsmacht ausüben zu können.

  Intermediäre Plattformen wurden von neutralen Dritten initiiert. Sie bedienen Käufer und Verkäufer gleichberechtigt und finanzieren sich in der Regel über Transaktionsgebühren.[57]

- Zugang: Der Zugang zu einer Plattform kann entweder offen oder auf einen bestimmten Nutzerkreis beschränkt sein. Ein offener Zugang ist typisch für intermediäre Plattformen. Da sie über Transaktionsgebühren finanziert

---

[56] Vgl. Hafner, Petra (2001) S. 27
Vgl. Flicker, Alexandra, Höller, Johann (2001) S. 22
[57] Vgl. Reindl, Martin / Oberniedermaier, Gerhard (2002) S. 94

werden, wird angestrebt, möglichst viele Kunden zu bekommen. Bei reinen Einkaufs- oder Verkaufsplattformen ist der Zugang in der Regel eingeschränkt, die betreibenden Unternehmen wollen verhindern, dass Informationen über ihre Lieferanten bzw. Abnehmer öffentlich werden und Wettbewerber von der Nutzung ihrer Plattform ausschließen.[58]

2.2.3.1 Dynamic Exchange

Die Preisfindung nach dem Auktionsprinzip (engl. Dynamic Exchange) ist die älteste Methode der Preisfindung auf elektronischen Märkten. Elektronische Marktplätze, die dieses Verfahren anwenden, werden auch als echte Marktplätze oder Börsen bezeichnet. Bei diesem Verfahren werden die Kauf- und Verkaufangebote nach Preisen sortiert und der Preis gewählt, bei dem das größtmögliche Transaktionsvolumen umgesetzt werden kann.[59] Dies ist auch der zentrale Vorteil dieses Systems. Der Nachteil ist, dass dieses Verfahren sich nur für sehr fungible und standardisierte Güter eignet, weil ansonsten die für eine effektive Preisfindung erforderliche Anzahl an Geboten nicht zustande kommt bzw. die Gebote für diese Art der Preisfindung nicht genügend vergleichbar sind.[60]

Hauptsächlich wird dieses Verfahren bei unraffinierten Rohstoffen eingesetzt. Aus diesem Grund sind Plattformen, die mit diesem System arbeiten, nur für einen kleinen Bereich der Sourcingaktivitäten eines Unternehmens geeignet, weil in der Regel nur ein geringer Teil der eingekauften Güter auf diesen Bereich entfällt.

2.2.3.2 Ausschreibungen

Das Ziel einer Ausschreibung ist es, nach der Feststellung des Bedarfs, die Situation am entsprechenden Markt festzustellen, neue Lieferanten zu finden, die Lieferanten vergleichbar zu machen und für die anschließende Verhandlung Preisdruck aufzubauen, indem mehrere Lieferanten dazu gebracht werden, um den Auftrag zu konkurrieren.

Hierzu werden Lieferanten aus dem Markt ausgewählt, die Ausschreibung erstellt und an sie verschickt. Nachdem die an der Ausschreibung teilnehmenden Lieferanten ihre Angebote erstellt haben, werden die Einsendungen ausgewertet, um die Angebote vergleichbar zu machen (siehe Abbildung 2.18).

---

[58] Vgl. Reindl, Martin / Oberniedermaier, Gerhard (2002) S. 95
[59] Vgl. Flicker, Alexandra, Höller, Johann (2001) S. 15
[60] Vgl. Hafner, Petra (2001) S. 36

Im strategischen Beschaffungsprozess dienen Ausschreibungen also dazu, geeignete Lieferanten ausfindig zu machen und die Verhandlungen mit ihnen vorzuberei-
ten.

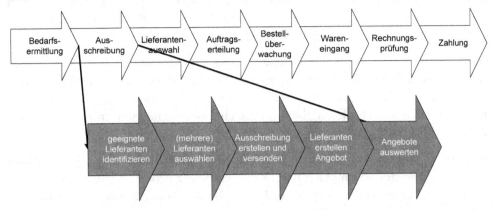

Abbildung 2.18: Ausschreibungsprozess

Die elektronische Umsetzung einer Ausschreibung, auch electronic Request for
Quotation (eRfQ) genannt, kann offen oder geschlossen erfolgen. Bei einer offenen
Ausschreibung erhalten sämtliche im betreffenden Bereich auf der Plattform
bekannte Lieferanten die Ausschreibung. Diese Art der elektronischen Ausschrei-
bung dient vor allem dazu, neue Lieferanten zu identifizieren. Eine geschlossene
Ausschreibung geht, wie bei der konventionellen Form, nur an vorher ausgewählte
Lieferanten. Der Grund hierfür ist der Schutz von Know-How und die einfachere
Auswertung und bessere Qualität der Ergebnisse.[61]

Grundsätzlich gilt, dass offene Ausschreibungen meist einen insgesamt höheren
Rücklauf haben, da mehr Lieferanten angesprochen werden, während bei einer
geschlossenen Ausschreibung die Qualität der Ergebnisse höher ist, da bereits eine
Vorauswahl stattgefunden hat.

Eine elektronische Ausschreibung soll die gleichen Ziele erreichen wie eine konventionelle Ausschreibung, der Vorteil besteht darin, dass der Prozess durch elektronische Unterstützung schneller und einfacher ablaufen kann.[62]

---

[61] Vgl. Aust, Eberhard et al. (2001) S. 57
[62] Vgl. Aust, Eberhard et al. (2001) S. 58-59
Vgl. Soltmann, Bernhard (o. J.) S. 5-6

2.2.3.3 Auktionen

Eine Auktion dient als Ersatz für die konventionellen Preisverhandlungen im Beschaffungsprozess. In einer Auktion kann erheblich mehr Preisdruck aufgebaut werden als durch konventionelle Verhandlungen, da die Bieter gezwungen sind, unmittelbar auf Gebote ihrer Konkurrenten zu reagieren.[63]

Es existieren zwei Arten von Auktionen, Verkaufsauktionen, auch Forward Auctions genannt, und Einkaufsauktionen, sog. Reverse Auctions. Einkaufsauktionen funktionieren dabei logischerweise umgekehrt wie die entsprechenden Verkaufsauktionen, daher auch die englischen Bezeichnungen. Hier soll im Folgenden nur auf Einkaufsauktionen eingegangen werden.

Der Grund, warum Auktionen im Beschaffungsprozess bisher eher selten verwendet werden, ist der schon genannte: Es erfordert sehr großen Aufwand, die Bieter an den Ort der Auktion zu bringen. Findet die Auktion auf einer elektronischen Plattform statt, fallen diese Beschränkungen weg, so dass auf elektronischen Plattformen über Auktionen optimale Preise erzielt werden können.

Wichtigste Anforderung für eine Auktion ist, dass die Angebote der Lieferanten vergleichbar gemacht worden sind und der Preis das einzige verbleibende Kriterium ist. Im Gegensatz zur oben erwähnten Vorwärtsauktion, bei der alle Teilnehmer auf *ein* in der Regel vorhandenes Gut bieten, sind die Leistungen der an einer Rückwärtsauktion Beteiligten individuelle Leistungen, die voneinander abweichen können. Es muss daher sichergestellt werden, dass die Leistungen der Lieferanten vergleichbar sind. Ist dies nicht der Fall, wird das Auktionsergebnis dahingehend verzerrt, dass nicht der Lieferant mit dem besten Angebot, sondern der Lieferant mit der am billigsten zu erbringenden Leistung (bei gleichem Preis) die Auktion gewinnt. Die Vergleichbarkeit der versteigerten Leistung wird in der Regel durch eine vorherige Ausschreibung sichergestellt.

Es existieren verschiedene Arten von Einkaufauktionen mit eigenen Ergebnisprofilen, von denen die vier wichtigsten in Abbildung 2.19 dargestellt sind und im Folgenden näher betrachtet werden sollen, da die Auswahl der geeigneten Auktionsform für den Erfolg mit entscheidend sein kann.

---

[63]   Vgl. Soltmann, Bernhard (o. J.) S. 7
     Vgl. Aust, Eberhard et al. (2000) S. 37

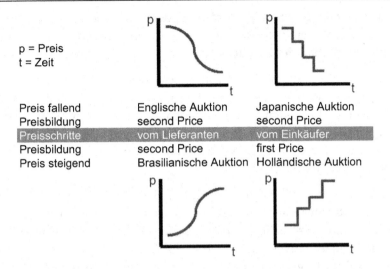

p = Preis
t = Zeit

Preis fallend	Englische Auktion	Japanische Auktion
Preisbildung	second Price	second Price
Preisschritte	vom Lieferanten	vom Einkäufer
Preisbildung	second Price	first Price
Preis steigend	Brasilianische Auktion	Holländische Auktion

Abbildung 2.19: Vergleich der einzelnen Auktionsformen[64]

- Englische Auktion: Die Englische Auktion ist die älteste und bekannteste Auktionsform. Die Lieferanten geben für einen vorher festgelegten Auftrag Gebote ab, die sie immer weiter verbessern. Der Lieferant, der das letzte und somit das niedrigste Gebot abgegeben hat, bekommt den Zuschlag.[65]

- Japanische Auktion: Die Japanische Auktion erfolgt rundenbasiert. In jeder Runde muss der Lieferant mit dem schlechtesten Gebot das beste Angebot unterbieten, oder aus der Auktion ausscheiden. Die Schrittweite wird in der Regel vom Einkäufer festgelegt. Es werden so viele Runden durchlaufen, bis nur noch ein Lieferant übrig ist.[66]

- Holländische Auktion: Bei der Holländischen Auktion erfolgt die Annäherung an den Preis nicht von oben, sondern von unten. Der Einkäufer gibt dazu einen Startpreis an, zu dem er bereit ist, den Auftrag zu vergeben. Dieser Preis wird schrittweise erhöht. Der erste Lieferant, der bereit ist, den genannten Preis zu akzeptieren, bekommt den Zuschlag. Der besondere Vorteil dieser Auktionsform ist, dass der Endpreis bei der Zahlungsbereitschaft

---

[64] Vgl. Soltmann, Bernhard (o. J.) S. 9
[65] Vgl. Lein, Udo (2004) S. 15-16
Vgl. Amor, Daniel (2000) S. 47-48
[66] Vgl. Lein, Udo (2004) S. 30

des Auktionsgewinners liegt, also bei dem Preis, den er gerade noch bereit ist zu akzeptieren, nicht wie bei den anderen Auktionsformen bei der Zahlungsbereitschaft des Zweitbesten.[67]

– Brasilianische Auktion: Die Brasilianische Auktion erfolgt ebenfalls mit aufsteigenden Geboten. Der Einkäufer legt vor Auktionsbeginn seine Zahlungsbereitschaft offen. Dann beginnen die Lieferanten um den Auftrag zu steigern, indem sie das Auftragsvolumen immer weiter verbessern. Der Lieferant, der für den festgelegten Betrag das größte Volumen anbietet, bekommt den Zuschlag.[68]

– Sonderformen: Es existieren unzählige Sonderformen von Auktionen, die jedoch entweder Variationen oder Kombinationen der genannten Auktionsformen sind. Der wichtigste bisher nicht betrachtete Sonderfall ist qualitatives statt quantitatives Ranking, d.h. die Auktionsteilnehmer bekommen die Gebote ihrer Gegner nicht gezeigt, sondern nur ihre relative Position, also ihren Rang in der Auktion. Daher werden Auktionen mit qualitativem Ranking auch Rangauktionen genannt.[69]

2.2.3.4 E-Collaboration

E-Collaboration verfolgt im Gegensatz zu den anderen E-Sourcing-Lösungen den Ansatz, ein möglichst optimales Ergebnis nicht durch Konkurrenz des Lieferanten mit seinen Wettbewerbern, sondern durch besonders intensive Zusammenarbeit mit dem Lieferanten zu erreichen. Das heißt, E-Collaboration verfolgt keinen am Produkt orientierten, sondern einen am Lieferanten orientierten Beschaffungsprozess (siehe Abschnitt 3.1.1.4). Der positive Effekt bei intensiver Zusammenarbeit beruht darauf, dass die durch die Zusammenarbeit entstehenden Synergien die durch den Wettbewerb entstehenden Preisvorteile überwiegen.

Die Zusammenarbeit kann auf wirtschaftlicher oder technischer Ebene angesiedelt sein.[70] Im wirtschaftlichen Bereich sind die häufigsten E-Collaborations Integrationen zwischen den Back-End-Systemen der Partner zur optimalen Bedarfsplanung und Versorgung, also im materialwirtschaftlichen Bereich.[71] Bei technischer Zu-

---

[67] Vgl. Lein, Udo (2004) S. 28-29
   Vgl. Amor, Daniel (2000) S. 49-51
[68] Vgl. Lein, Udo (2004) S. 30
[69] Vgl. Lein, Udo (2004) S. 22-26
[70] Vgl. Flicker, Alexandra, Höller, Johann (2001) S. 24
[71] Vgl. Bogaschewsky, Ronald (1999) S. 27

sammenarbeit wird das benötigte Produkt mit dem Lieferanten zusammen entwickelt, damit die Fertigung des Lieferanten optimal auf das Produkt abgestimmt werden kann. Diese Art von E-Collaboration umfasst Systeme für Konstruktionsdatenaustausch, Dokumenten Management und Projektplanung.[72]

Für E-Collaboration ist ein hoher Integrationsgrad in elektronische Unterstützung sowohl beim einkaufenden Unternehmen als auch beim Lieferanten erforderlich. Der Aufbau einer E-Collaboration ist daher sehr kosten- und zeitintensiv.

E-Collaboration und die übrigen E-Sourcing-Lösungen können nicht gleichzeitig auf demselben Gebiet eingesetzt werden. Die Funktion von E-Collaborations basiert wie oben beschrieben auf einer intensiven Zusammenarbeit mit einem ausgewählten Lieferanten. Hierdurch entstehen Wechselbarrieren, das heißt, ein Wechsel zu einem anderen Lieferanten ist mit teilweise erheblichen Kosten verbunden, da in diesem Fall die Kosten für den Aufbau der E-Collaboration erneut anfallen. Alternative E-Sourcing-Werkzeuge wie Ausschreibungen und Auktionen beziehen ihre Wirkung aber aus einer Verstärkung des Wettbewerbs zwischen vergleichbaren Lieferanten. Diese Vergleichbarkeit ist aber wegen den Wechselbarrieren nicht mehr gegeben.

---

[72] Vgl. Aust, Eberhard et al. (2001) S. 18

2.3 Ziele von E-Procurement

Es wurde bereits in Kapitel 1 erläutert, was mit E-Procurement erreicht werden kann. In diesem Abschnitt soll ein detaillierter Überblick über die mit E-Procurement verfolgten Ziele und Verbesserungen gegeben werden.

2.3.1 Finanzziele

Das primäre Ziel des E-Procurement sind Einsparungen bei der Beschaffung auf direktem oder indirektem Weg; letztendlich lassen sich alle Ziele des E-Procurement auf Einsparungen zurückführen. Zur Unterscheidung werden direkte Einsparungen als Hard Savings und indirekte Einsparungen als Soft Savings bezeichnet. Soft Savings sind im Gegensatz zu Hard Savings oft nicht direkt messbar; ihnen sollte trotzdem nicht weniger Beachtung geschenkt werden.

Der Hauptgrund für die Attraktivität von E-Procurement ist die Hebelwirkung von Einsparungen im Einkauf auf den Unternehmensgewinn. Alle im Einkauf eingesparten Beträge können direkt auf den Unternehmensgewinn aufaddiert werden. Im Gegensatz dazu muss eine Umsatzerhöhung im Vertrieb mit der Rendite des Unternehmens diskontiert werden. Die offensichtlichste Möglichkeit zu Einsparungen bietet sich direkt an den Produktkosten, hierzu sind, wie schon erwähnt, besonders die A- und B-Güter geeignet. Im Bereich der C-Güter-Beschaffung können indirekt erhebliche Prozesskosten eingespart werden. Weitere indirekte Einsparungen werden über Bestands- und Lagerhaltungskosten erzielt. Da der Beschaffungsprozess mit E-Procurement sowohl im strategischen wie auch im operativen Bereich erheblich schneller abgewickelt werden kann, muss nur ein geringerer Bestand gelagert werden, was wiederum Einsparungen ermöglicht. Es sollte beachtet werden, dass diese Einsparungen nicht auf den Schultern der Lieferanten realisiert werden. Vielmehr entsteht durch den Einsatz von E-Procurement größtenteils eine Win-Win-Situation, aus der beide Seiten ihre Vorteile ziehen können.

Sehr wichtig für die Frage, ob eine Einführung von E-Procurement sich überhaupt rentiert, ist die Amortisationsdauer dieser Investition. Man spricht auch von der Dauer bis zum Return on Investment (ROI). Eine überschaubare Amortisationsdauer kann für ein E-Procurement-Projekt entscheidend sein, weil bei langer Amortisationsdauer immer die Gefahr besteht, dass das Projekt unterwegs „einschläft". Dies ist die große Stärke des Ansatzes bei Rohstoffen und hochwertigen Gütern – es können schnell Einsparungen realisiert werden. Einsparungen an den Prozesskosten sind Soft Savings und können im Gegensatz zu Einsparungen an den Produktkosten nicht unmittelbar realisiert werden, was die Amortisationsdauer verlängert.

2.3.2 Prozeßiele

Der zweite wichtige Punkt neben direkten Einsparungen ist die Vereinfachung, Automatisierung und Unterstützung der Geschäftsprozesse. Dies ist nicht nur im Hinblick auf Einsparungen an den Prozesskosten wünschenswert, sondern auch, um die Qualität der Prozesse zu steigern.[73]

Durch Automatisierung der Einkaufsprozesse werden die Einkaufsmitarbeiter von der operativen Abwicklung von Bestellungen entlastet, können sich somit stärker auf den strategischen Bereich konzentrieren und ihr Know-How besser einbringen (siehe Abbildung 2.20). Die operative Beschaffung wird dezentral bzw. automatisch erledigt; die Aufgabe des Einkaufs ist die strategische Beschaffung, d.h. Lieferantenmanagement, Ausschreibungen, Marktforschung, usw.[74] Also profitiert die strategische Beschaffung indirekt ebenfalls von einer E-Ordering-Lösung, da die Einkäufer von anderen Aufgaben entlastet werden. Im Extremfall kann dies soweit gehen, dass Einkäufer, die vorher ausschließlich mit operativen Tätigkeiten betraut waren, ein völlig neues Aufgabenfeld bekommen.[75] Durch E-Procurement werden also nicht nur Prozesskosten eingespart, sondern auch die Nutzung der vorhandenen Kapazitäten optimiert.[76]

---

[73] Vgl. Nenninger, Michael (1999) S. 16
   Vgl. Arthur Andersen Consulting (2002) S. 29
[74] Vgl. Arthur Andersen Consulting (2002) S. 4
[75] Vgl. Puschmann, Thomas; Alt, Rainer (2001) S. 15
[76] Vgl. Nekolar, Alexander-Philip (2003) S. 4-5
   Vgl. Afif, Noelani (1999) Abs. 8

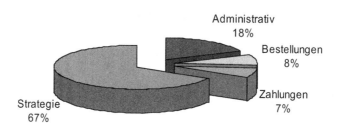

Abbildung 2.20: zukünftiger Beschaffungsfokus[77]

Durch automatische Abwicklung und Verzicht auf Papier können die Beschaffungsprozesse erheblich beschleunigt werden. Insbesondere die Liegezeiten und Genehmigungszeiten der Formulare nehmen erheblich ab, weil, wie in Abbildung 2.21 gezeigt, weniger Personen involviert und viele Abläufe automatisiert sind. Die Folge ist ein erheblich schnellerer Durchlauf der einzelnen Beschaffungsvorgänge. Hierdurch verringert sich die Durchlaufzeit in Lagern für regelmäßig benötigtes Material sowie die Wiederbeschaffungszeit für unregelmäßig benötigte Produkte, wodurch die Lagerhaltung verringert wird. Dies ist insbesondere bei Produktionsgütern interessant, weil unter Umständen die Beschaffungsdauer direkten Einfluss auf die Time-to-Market eines Produkts haben kann.[78]

---

[77] Nekolar, Alexander-Philip (2003) S. 5
[78] Vgl. Afif, Noelani (1999) Abs. 12

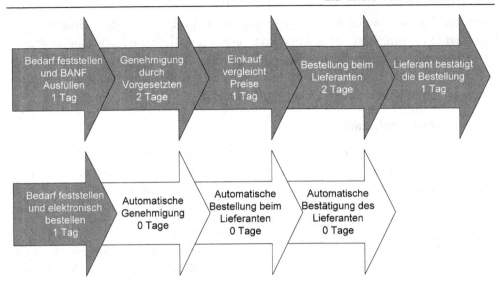

Abbildung 2.21: Verkürzung der Prozessdauer (operativer Bereich)[79]

Durch den Einsatz elektronischer Unterstützung können Medienbrüche im Bestellprozess größtenteils vermieden werden. Dies reduziert den für die Abwicklung einer Bestellung erforderlichen Aufwand erheblich, weil ohne Medienbrüche
eine Automatisierung des Ablaufs entscheidend erleichtert wird.[80]

Die automatisierte Abwicklung von Bestellungen vereinfacht die Pflege des Da-
tenbestandes und die Führung der Geschäftsbücher, weil die Übertragung der
Bestelldaten ins Back-End-System des Unternehmens, die früher arbeits- und zeitintensiv per Hand vom Papierformular erfolgen musste, nun automatisch durch
Anbindung der E-Procurement-Lösung ans Back-End-System erfolgen kann. Gleiches gilt für Buchhaltung und Controlling; Bestellprüfung und Zahlungsanweisung können automatisiert werden, im Idealfall muss lediglich am Monatsende
eine Sammelrechnung geprüft werden.

Ein weiteres Problem, das durch Vermeidung von Medienbrüchen beseitigt wird,
ist die Fehleranfälligkeit papierbasierter Prozesse. Durch falsch weitergeleitete
Formulare, Übertragungsfehler, Missverständnisse bei mündlicher Weitergabe
usw. werden die Prozesse extrem in die Länge gezogen und verteuert – insbeson-

---

[79] Vgl. Nenninger, Michael (1999) S. 17
[80] Vgl. Landeka, Davor (2002) S. 25
      Vgl. Brenner, Walter / Lux, Andreas (2000) S. 72

dere die konventionelle Übertragung von Bestellungen zwischen Unternehmen produziert regelmäßig Unklarheiten und daraus resultierende Rückfragen.[81] Durch die elektronische Umsetzung der Prozesse können diese Fehler vermieden werden, weil nur an einer Stelle – der Bestellung – eine Dateneingabe erfolgt und ab dort keine weiteren Medienbrüche mehr vorliegen.

2.3.3 Informationsziele

Mit dem Einsatz von E-Procurement verbessert sich auch das Informationsangebot. Dem Einkäufer stehen mehr und schneller Informationen über Anbieter, Preise, Verfügbarkeit und Konditionen zur Verfügung. Gleichzeitig wird die Informationsgewinnung aus dem vorhandenen Material, z.B. Buchhaltung, Einkaufsstatistik usw. erheblich vereinfacht.

Die wichtigste Verbesserung durch E-Procurement im Informationsbereich ist die erzeugte Transparenz. E-Ordering-Lösungen ermöglichen über gezieltes Suchen ein schnelles Auffinden des benötigten Produkts; E-Sourcing-Lösungen ermöglichen über Ausschreibungen und Auktionen eine optimierte Preisfindung. Durch E-Procurement wird also im jeweils wesentlichen Bereich eine Transparenz des Angebotes erreicht, die es ermöglicht, den optimalen Anbieter auszuwählen.

Weiterhin stehen durch E-Procurement mehr und bessere Informationen über Lieferanten zur Verfügung. Vor allem über E-Sourcing-Lösungen können die Lieferantenkontakte eines Unternehmens sehr gut erweitert werden. Ziel hierbei ist nicht, das Beschaffungsvolumen auf mehrere Lieferanten aufzuteilen, was dem Ziel, durch Bündelung von Bestellungen bessere Konditionen zu erzielen, entgegenlaufen würde, sondern durch die Präsenz von neuen Konkurrenten Wettbewerb aufzubauen.[82]

Auch der Ablauf der Geschäftsprozesse wird transparenter. Durch die elektronische Umsetzung der Prozessabwicklung können die Beschaffungsprozesse genau verfolgt werden, um Schwachstellen aufzuzeigen und Verbesserungspotential zu ermitteln.

---

[81] Vgl. Nenninger, Michael (1999) S. 17
[82] Vgl. Kapitel 2.3.4

Darüber hinaus kann über die auf diese Weise gesammelten Daten eine wesentlich genauere Vorausplanung für die Zukunft erstellt werden, was wiederum gezielte Verbesserungen ermöglicht.[83]

2.3.4 Wirtschafts- und Marktziele

Durch den Einsatz von E-Procurement kann ein Unternehmen die Marktstellung seines Einkaufs erheblich verbessern. Insbesondere Großunternehmen verlieren durch Maverick Buying viel an Einkaufsmacht. Durch die Reduktion von Maverick Buying und die Bündelung von Bedarf wird diese Einkaufsmacht wieder aufgebaut. Weiterhin wird speziell im E-Sourcing-Bereich der Wettbewerb unter den Lieferanten gefördert, was sich in günstigeren Preisen und besseren Konditionen niederschlägt.

Eine wesentliche Aufgabe von E-Sourcing-Lösungen ist es, die Produktkosten zu reduzieren. Dies geschieht, indem durch die Transparenz einer elektronischen Ausschreibung oder Auktion unter den Lieferanten Wettbewerb entsteht. Den Lieferanten wird auf diese Weise sehr deutlich gemacht, dass sie sich im Wettbewerb mit anderen befinden und Zugeständnisse ihrerseits erforderlich sind, um den Auftrag vom einkaufenden Unternehmen zu bekommen.

Durch die elektronische Unterstützung ist es möglich, den gesamten Bedarf eines Produkts oder einer Produktgruppe über einen Lieferanten abzuwickeln und die Lieferantenbasis des Unternehmens, das heißt, die Gruppe von Lieferanten, bei denen das Unternehmen regelmäßig einkauft, zu verringern. Wie Abbildung 2.22 zeigt, können hierdurch Großaufträge vergeben werden, die über ihr Volumen bessere Preise erzielen. Auf Lieferantenseite hingegen ist weniger Aufwand für Betreuung und Abwicklung erforderlich. Es entsteht, wie schon beschrieben, eine Win-Win-Situation.[84]

---

[83] Vgl. Arthur Andersen Consulting (2002) S. 21
[84] Vgl. Wolff, Astrid (1998) S. 73
Vgl. Müller, Eva (2004) Abs. 17
Vgl. Afif, Noelani (1999) Abs. 13

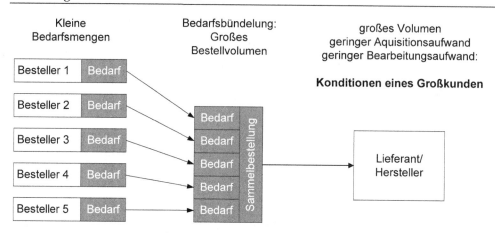

Abbildung 2.22: Bedarfsbündelung

Um das mit einem Auftrag eingekaufte Volumen weiter zu erhöhen, können sich Unternehmen mit ähnlichem Bedarf zu Einkaufsgemeinschaften, so genannten E-Consortia, zusammenschließen. Auf diese Weise können Kleinunternehmen die ihnen indirekt entstehenden Nachteile ausgleichen, wenn Großunternehmen aufgrund ihrer Einkaufsmacht bessere Preise bekommen. Darüber hinaus fällt der für den Einkaufsprozess erforderliche Aufwand nur einmal an. Das größte Problem solcher Gemeinschaften ist die erforderliche Koordinierung und Standardisierung. Dieser Aufwand kann durch Abwicklung über elektronische Plattformen erheblich verringert werden.[85]

---

[85] Vgl. Aust, Eberhard et al. (2001) S. 17-18
Vgl. Aust, Eberhard et al. (2000) S.44-45

3 Anforderungen an E-Procurement-Lösungen

Nach Klärung des E-Procurement-Begriffs sind nun die Erfordernisse für einen erfolgreichen Einsatz einer E-Procurement-Lösung zu betrachten. Dies ist auf zwei Arten zu verstehen: Einerseits was die E-Procurement-Lösung bieten muss, um im Unternehmen von Nutzen zu sein, andererseits auch, was im Unternehmen an Veränderungen erforderlich ist, um den Einsatz einer E-Procurement-Lösung zu ermöglichen. Viele E-Procurement-Lösungen sind daran gescheitert, dass letzterer Teil vergessen wurde und die Einführung ohne Change-Management erfolgte.

3.1 Anforderungen an Geschäftsprozesse

Vor einer Einführung einer E-Procurement-Lösung sollte eine Überarbeitung der betroffenen Beschaffungsprozesse, ein so genanntes Business Process Reengineering, vorangehen. Prozesse und Strukturen müssen für das veränderte Umfeld angepasst und optimiert werden, da im traditionellen, papierbasierten Beschaffungsprozess ein großer Teil der Aktivitäten auf den operationalen Teil entfällt, der nun automatisch abläuft.[1] Ansonsten besteht die Gefahr, dass lediglich die bisherige Zettelwirtschaft elektronifiziert wird, sich aber an den Ineffizienzen der Abläufe nichts ändert.

3.1.1 Kostenrechnung für Beschaffungsprozesse

Die Tatsache, dass C-Güter die meisten Beschaffungsvorgänge verursachen, wird kostenrechnerisch in der Regel nicht erfasst. Grund dafür ist die verbreitete pauschale Verrechnung der Gemeinkosten durch die so genannte Grenzplankostenrechnung. Hierbei wird jedem eingekauften Gut ein einheitlicher Prozentsatz an Gemeinkosten zugeschlagen. Wie Abbildung 3.1 zeigt, ist dieser für A-Güter deutlich überhöht, für C-Güter hingegen bei weitem nicht ausreichend.[2]

Für die Beschaffung heißt das in diesem Fall, dass der Produktpreis allein ausschlaggebend ist, da die Prozesskosten Teil der Gemeinkosten sind. Deshalb ist für viele Unternehmen der Ansatz des E-Ordering nicht nachvollziehbar.

---

[1] Vgl. Backhaus, Manuel (1999) S. 70
Vgl. Podbelsek, Hans et al. (2000) S. 18
[2] Vgl. Wolff, Astrid (1998) S. 58

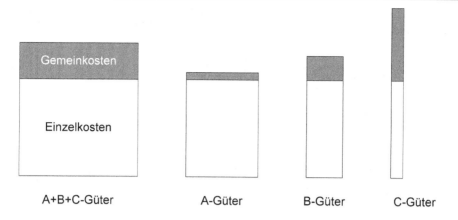

Abbildung 3.1: Grenzplankostenrechnung und Prozesskostenrechnung im Vergleich[3]

Bei der Prozesskostenrechnung hingegen werden die Kosten jedes Prozesses einzeln ermittelt und verursachergemäß zugeordnet. Hierdurch kann direkt ermittelt werden, in welchem Verhältnis Prozesskosten und Produktkosten zueinander stehen und ein sinnvoller Optimierungsansatz gefunden werden.[4]

3.1.2 Ausrichtung der Beschaffungsprozesse

Der Beschaffungsprozess eines Unternehmens kann lieferantenorientiert oder produktorientiert ausgerichtet sein. Ein lieferantenorientierter Beschaffungsprozess ist auf die Zusammenarbeit mit ausgewählten Lieferanten ausgerichtet, in der weitesten Form werden alle Güter eines Bereichs von einem Lieferanten bezogen. Diese Strategie der Beschaffung heißt Single-Sourcing.[5]

Eine Single-Sourcing-Strategie ist inkompatibel mit E-Sourcing-Lösungen, weil beim Single-Sourcing Synergieeffekte durch die enge Bindung an einen Lieferanten ausgenutzt werden, während beim Einsatz von E-Sourcing-Lösungen durch die Möglichkeit, den Anbieter zu wechseln, Wettbewerb unter den Anbietern erzielt wird.

Ein produktorientierter Beschaffungsprozess hingegen soll die benötigten Güter in der geforderten Menge und Qualität verfügbar machen, der Lieferant ist hierbei

---

[3] Wolff, Astrid (1998) S. 59
[4] Vgl. Wolff, Astrid (1998) S. 58-59
     Vgl. Nekolar, Alexander-Philip (2003) S. 17-19
[5] Vgl. Arnold, Ulli (1997) S. 97

zweitrangig und kann gewechselt werden. Daher können bei produktorientierten Beschaffungsprozessen E-Sourcing-Lösungen ohne Probleme eingesetzt werden.

3.1.3 Genehmigungsprozesse

Eine Sonderstellung im operativen Beschaffungsprozess nimmt der Genehmigungsprozess für dezentrale Bestellungen ein, also Bestellungen, die nicht über den Zentraleinkauf ablaufen. Durch die Dezentralisierung soll einerseits der Einkauf bzw. der jeweilige Entscheidungsbefugte von der Abwicklung von Routinebestellungen entlastet werden, andererseits soll unkontrolliertes Einkaufen, das Maverick Buying, verhindert werden.[6] Daher muss für jeden Bestellvorgang automatisch entschieden werden, ob eine Genehmigung durch den Einkauf oder den Vorgesetzten erforderlich ist, um einerseits die Bestellungen unter Kontrolle zu haben und andererseits den Bestellprozess nicht durch unnötige Genehmigungsanforderungen zu verteuern. Hierzu wird im System ein Workflow für das Genehmigungsverfahren hinterlegt, der je nach Verfahren entscheidet, ob eine Genehmigung erforderlich ist und dann die Bestellung entsprechend weiterleitet. Im Wesentlichen existieren zwei Arten von Genehmigungsverfahren: personenbezogene Genehmigungen und bestellungsbezogene Genehmigungen.[7]

Bei personenbezogenen Genehmigungen ist für jede Person ein Spektrum an Produkten festgelegt, welches diese Person bestellen darf. Ist ein Produkt, das bestellt werden soll, nicht enthalten, ist eine Genehmigung erforderlich.

Ein personenbezogenes Genehmigungsverfahren macht bei komplexen, gefährlichen oder sehr teuren Gütern Sinn: Nur ein Spezialist mit dem nötigen Wissen darf diese Güter bestellen; z.B. nur ein Chemiker darf Säuren oder Laugen bestellen.

Eine besondere Variante der personenbezogenen Genehmigung ist das Vier-Augen-Prinzip. Hierbei muss ein Kollege zu der Bestellung sein Einverständnis geben. Durch Hinzuziehen eines Kollegen soll verhindert werden, dass ein Besteller übereilte oder undurchdachte Bestellungen vornimmt.[8]

Eine bestellungsbezogene Genehmigung erfolgt in der Regel abhängig vom Bestellwert. Hier sind viele Variationen möglich, die wichtigsten sind Wertgrenzenverfahren und Budgetverfahren. Beim Wertgrenzenverfahren werden entweder für die einzelne Position oder die gesamte Bestellung oder beides Wertgrenzen festge-

---

[6]   Vgl. Brenner, Walter / Lux, Andreas (2000) S. 168
[7]   Vgl. Brenner, Walter / Lux, Andreas (2000) S. 168-169
[8]   Vgl. Nekolar, Alexander-Philip (2003) S. 25

legt. Werden diese überschritten, muss die Bestellung genehmigt werden. Das Budgetverfahren funktioniert umgekehrt: Für einen bestimmten Zeitraum wird dem Besteller ein Budget zugeteilt, von dem alle Bestellungen in diesem Zeitraum abgezogen werden. Überschreitet der Besteller sein Budget, müssen alle weiteren Bestellungen genehmigt werden.

Kombinationen der genannten Verfahren sind möglich und in den meisten Fällen sinnvoll, um der in jedem Unternehmen speziellen Situation gerecht zu werden. Es sollte aber darauf geachtet werden, die Dezentralisierung des Bestellprozesses nicht durch übermäßige Kontrollwut wieder zum Einkauf zurückzudrehen.

3.1.4 Gegenüberstellungen Ist/Soll Bestellprozess

Bei einer direkten Gegenüberstellung von traditionellem Bestellprozess und elektronischem Bestellprozess wird sichtbar, wie der Bestellprozess durch Einsatz einer E-Procurement-Lösung, genauer einer E-Ordering-Lösung, vereinfacht wird. E-Sourcing-Lösungen sind nicht zur Prozesskostenreduktion durch Automatisierung des Beschaffungsprozesses, sondern zur Optimierung des Prozessergebnisses durch Unterstützung gedacht.

Im strategischen Bereich entsteht die Vereinfachung hauptsächlich durch Abschluss von Rahmenverträgen, das heißt, dass die meisten Schritte des strategischen Beschaffungsprozesses für eine große Anzahl Instanzen nur einmal durchlaufen werden müssen.

Der operationale Beschaffungsprozess wird, wie in den Abbildungen 3.2 und 3.3 gezeigt, auf die wesentlichen Schritte reduziert, die gesamte Verwaltungsarbeit wird im Idealfall automatisch erledigt. Dies geschieht, indem die Daten der Bestellungen bei der Zusammenstellung des elektronischen Warenkorbs erfasst und anschließend ohne weitere Medienbrüche weiterverwendet werden.

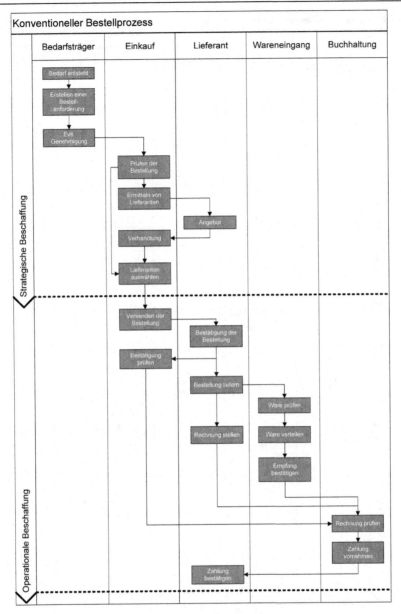

Abbildung 3.2: konventioneller Bestellprozess[9]

---

9   Vgl. Wolff, Astrid (1998) S. 54

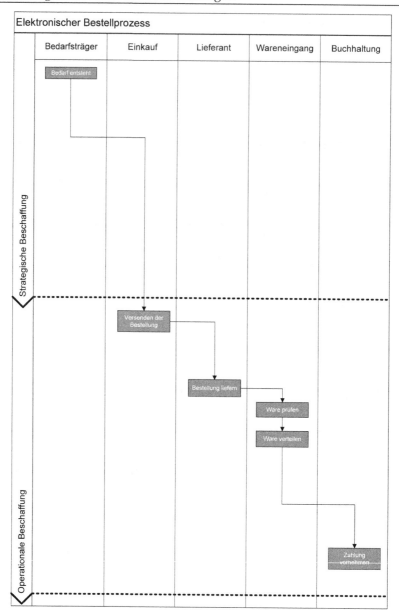

Abbildung 3.3: Elektronischer Bestellprozess

3.2 Rechtliche Anforderungen

Für Unternehmen, die geschäftliche Transaktionen über das Internet durchführen wollen, gehört die Rechtssicherheit dieser Transaktionen mit zu den größten Unsicherheiten.[10] Die Beachtung der Rechtslage bei elektronischen Geschäftstransaktionen ist für die Unternehmen deshalb von Bedeutung, weil bei Fehlern erhebliche Probleme entstehen können, wie zum Beispiel:[11]

– Nichtzustandekommen von Verträgen

– Rücktritt der Partner von Verträgen

– Nichtbeweisbarkeit von Ansprüchen

– Irrtümlich, bzw. unter falschen Vorraussetzungen geschlossene Verträge

Rechtliche Probleme entstehen aufgrund der ursprünglichen Konzeption des Internets als offenes Netz für den freien Datenaustausch. Das Internet [12]

– Ist nicht kommerziell angelegt.

– Ist Im Prinzip ein rechtsfreier Raum.

– Hat keine Zugangsbeschränkungen.

Entsprechend können bei Anbahnung, Vereinbarung und Abwicklung von Geschäften im Internet erhebliche Probleme entstehen, da das Internet per se nicht für die sichere Durchführung derartiger Transaktionen vorgesehen ist.

Dieses Unterkapitel soll kein vollständiges Verzeichnis relevanter Gesetze sein, sondern ein Grundverständnis für die aktuelle Rechtslage und ein Problembewusstsein herstellen, um von Unklarheiten hervorgerufene Probleme zu vermeiden.

---

[10] Vgl. Bogaschewsky, Ronald / Kracke, Uwe (1999) S. 187
Vgl. Bogaschewsky, Ronald (1999) S. 33
Vgl. Wirtz, Bernd (2001) S. 572
[11] Vgl. Fässler, Lukas (2002) S. 190-191
Vgl. Schaeuffelen, Angelika (1999) S. 172
Vgl. Heinzmann, Peter (2002) S. 73
[12] Vgl. Amor, Daniel (2000) S. 138-139
Vgl. Amor, Daniel (2001) S. 177
Vgl. Wirtz, Bernd (2001) S. 572

3.2.1 Elektronische Verträge

Besondere Beachtung verdient in rechtlicher Hinsicht die Vereinbarungsphase als Teil einer Markttransaktion im elektronischen Geschäftsverkehr, da diese Phase im Fall einer erfolgreichen Verhandlung zum Abschluss eines Vertrags führt, der die rechtliche Basis der Transaktion darstellt. [13]

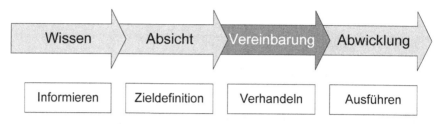

Abbildung 3.4: Phasenmodell der Markttransaktion[14]

Die Grundlage eines jeden Vertragsabschlusses im europäischen Zivilrecht ist das Römische Recht[15], welches besagt, dass ein Vertrag zustande kommt, wenn die Vertragsparteien übereinstimmende Willenserklärungen abgeben[16]. Im einfachsten Fall (bei zwei Vertragsparteien) sind dies das Angebot und die Annahme des Angebots. Damit diese Willenserklärungen übereinstimmen, muss über die Bedingungen der Transaktion, also Preise und Konditionen, Einigkeit zwischen den Vertragsparteien bestehen. Einen geeigneten Partner zu finden, mit dem Einigkeit erzielt werden kann, sowie diese Einigkeit herzustellen, ist Aufgabe der vorhergehenden Phasen der Markttransaktion.[17]

Durch die Umsetzung der E-Commerce-Richtlinie der Europäischen Gemeinschaft ist ein vollständig elektronischer Vertragsabschluss möglich geworden.[18] Diese Art

---

[13] Vgl. Schmid, Beat (2002) S. 216-217
     Vgl. BGB (2003) §§ 145-157
[14] Vgl. Schmid, Beat (2002) S. 217
[15] Vgl. Kilian, Wolfgang (2002) S. 998-999
[16] Vgl. Wirtz, Bernd (2001) S. 575
     Vgl. Schopp, Bernd / Stanoevska-Slabeva, Katarina (2002) S. 1020
     Vgl. BGB (2003) §§ 116-144
[17] Vgl. Schmid, Beat (2002) S. 216-217
[18] Vgl. Kilian, Wolfgang (2002) S. 1005
     Vgl. Fässler, Lukas (2002) S. 196
     Vgl. BGB (2003) § 126a

des Vertragsabschlusses wird E-Contracting genannt und der dabei zustande gekommene Vertrag entsprechend als E-Contract bezeichnet.[19]

Beim E-Contracting ist zu beachten, dass die gesetzlichen Formvorschriften bei der elektronischen Abgabe der konstituierenden Willenserklärungen eingehalten werden, da der Vertrag ansonsten nichtig wird.[20] Dieser Mangel kann zwar durch Bestätigung der Willenserklärungen auf konventionelle Art behoben werden[21], jedoch ist dies im Streitfall keine praktikable Lösung. In diesem Fall besteht keine Einigkeit mehr, was eine erneute Einigung durch Verhandlungen oder gar eine gerichtliche Entscheidung notwendig macht. Hierdurch werden erhebliche Transaktionskosten verursacht, welche die durch die elektronische Abwicklung eingesparten Transaktionskosten[22] um ein Vielfaches übertreffen. Es ist also außerordentlich riskant, sich darauf zu verlassen, dass ein elektronisch geschlossener Vertrag im Bedarfsfall nachträglich auf konventionelle Weise geschlossen werden kann.

3.2.2 Elektronisch abgegebene Willenserklärungen

Damit ein geschlossener Vertrag für beide Vertragsparteien als sicher angesehen werden kann, muss für die dem Vertrag zugrunde liegenden Willenserklärungen Nichtabstreitbarkeit gelten. Nichtabstreitbarkeit bedeutet, dass keine Partei vorgeben kann, eine Willenserklärung nicht oder irrtümlich abgegeben zu haben oder eine von der anderen Seite abgegebene Willenserklärung nicht oder nicht fristgerecht erhalten zu haben. Im Normalfall wird dies durch das von beiden Seiten unterschriebene und datierte Vertragsdokument gewährleistet; bei elektronisch abgewickelten Transaktionen kann dieser Nachweis zu einem erheblichen Problem werden.[23] Im Einzelnen ist folgendes zu beachten:

- Die Nichtabstreitbarkeit einer Willenserklärung durch ihren Absender.

- Die Unterscheidung zwischen einem Angebot und der Aufforderung, ein Angebot abzugeben.

---

[19] Vgl. Schopp, Bernd / Stanoevska-Slabeva, Katarina (2002) S. 1021
      Vgl. Amor, Daniel (2000) S. 44
[20] Vgl. BGB (2003) § 125
      Vgl. Fässler, Lukas (2002) S. 190
[21] Vgl. BGB (2003) § 141
[22] Vgl. Amor, Daniel (2000) S. 44
[23] Vgl. Bogaschewsky, Ronald / Kracke, Uwe (1999) S. 187
      Vgl. Bogaschewsky, Ronald (1999) S. 33

– Der Nachweis, dass eine Nachricht mit einer Willenserklärung dem Vertragspartner zugegangen ist.

– Der Zeitpunkt, an dem der Vertragspartner die Nachricht erhalten hat.

Eine elektronisch abgegebene Willenserklärung kann nicht abgestritten werden, wenn der Absender der Willenserklärung eindeutig identifiziert werden kann und das Dokument vor nachträglichen Veränderungen geschützt ist. Dies wird durch digitale Signaturen erreicht.[24]

Zwischen einem Angebot und der Aufforderung, ein Angebot abzugeben, muss sorgfältig unterschieden werden.[25] Ein Angebot stellt, wie oben beschrieben, eine Willenserklärung dar. Wenn ein potentieller Partner erklärt, das Angebot anzunehmen, so ist ein Vertrag zustande gekommen, d.h. ein Angebot stellt eine bindende Willenserklärung dar.[26]

Abbildung 3.5: Vertrag mit Angebot

Eine Aufforderung, ein Angebot abzugeben, stellt hingegen keine Willenserklärung dar und ist somit nicht bindend für den Absender. Der Absender ist erst an den entstandenen Vertrag gebunden, wenn er erklärt, das auf seine Aufforderung hin abgegebene Angebot anzunehmen.[27]

---

[24] Vgl. Kapitel 3.3.3
Vgl. SigG (2001) §2
[25] Vgl. Kilian, Wolfgang (2002) S. 1002
[26] Vgl. Wirtz, Bernd (2001) S. 576
Vgl. Kilian, Wolfgang (2002) S, 1000
[27] Vgl. Wirtz, Bernd (2001) S. 576

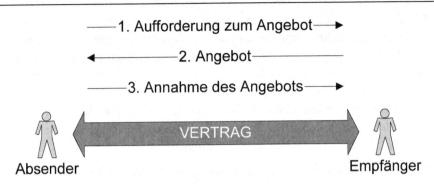

Abbildung 3.6: Vertrag mit Aufforderung zum Angebot

Angebote und Aufforderungen, ein Angebot abzugeben, müssen strikt getrennt werden. Der Unterschied, ob eine elektronische Nachricht zur einen oder anderen Kategorie gehört, muss möglichen Partnern deutlich gemacht werden, um absichtlich oder unabsichtlich entstehende Missverständnisse zu vermeiden.

Damit eine Willenserklärung wirksam wird und ein Vertrag zustande kommt, muss die Willenserklärung dem Vertragspartner zugegangen sein.

> „Empfangsbedürftige Willenserklärungen bedürfen des Zugangs, um wirksam zu werden. Zugegangen ist eine Willenserklärung, wenn Sie derart in den Machtbereich des Empfängers gelangt ist, dass dieser unter gewöhnlichen Umständen von ihr Kenntnis nehmen kann."[28]

Der Nachweis, dass eine Willenserklärung dem Vertragspartner zugegangen ist, muss jedoch vom Absender erbracht werden, da der Empfänger behaupten kann, die Willenserklärung nie erhalten zu haben. Bei elektronisch übertragenen Willenserklärungen existieren zwar in der Regel Sendeprotokolle, die allerdings als Nachweis nicht ausreichen. Zum einen ist das Sendeprotokoll nicht sicher vor Manipulationen, zum anderen kann ein Sendeprotokoll vorliegen, obwohl die Nachricht bei der Übertragung ganz oder teilweise verloren gegangen ist. Sendeprotokolle eignen sich somit nur als Indiz, aber nicht als Beweis.[29]

---

[28] Wirtz, Bernd (2001) S. 576
Vgl. Schaeuffelen, Angelika (1999) S. 180
Vgl. Kilian, Wolfgang (2002) S. 1003-1004
[29] Vgl. Schaeuffelen, Angelika (1999) S. 180-182

Um den Zeitpunkt festzuhalten, an dem eine elektronische Nachricht verschickt wurde, kann die Nachricht mit einem sog. Zeitstempel versehen werden. Hierzu wird die Nachricht über einen unabhängigen Server verschickt, der die Nachricht mit einer Zeitangabe versieht, um falsche Zeitangaben durch den Absender zu unterbinden. Hierdurch wird zweifelsfrei belegt, wann die Nachricht abgeschickt wurde. Der Zeitpunkt der Ankunft der Nachricht beim Empfänger kann hiermit allerdings nicht belegt werden, da auch bei elektronischen Nachrichten Sende- und Empfangszeitpunkt auseinander liegen können.[30]

Die einzige Möglichkeit für den Absender einer elektronischen Willenserklärung, Zugang und Zeitpunkt des Zugangs zweifelsfrei nachweisen zu können, ist eine Empfangsbestätigung mit Zeitstempel vom Empfänger zu verlangen. Nur so kann nachgewiesen werden, dass die Willenserklärung dem korrekten Empfänger zum bestätigten Zeitpunkt zugegangen ist.[31] Auf elektronischen Marktplätzen mit guten Sicherheitsvorkehrungen erfolgt die Erstellung dieser Bestätigungen automatisch, so dass die Rechtssicherheit der abgewickelten Transaktionen gewährleistet ist.[32]

3.2.3 Signaturgesetz

Verträge in Papierform sind nicht abstreitbar und revisionssicher, d.h. die Unterzeichner können sich nicht von der im Vertrag abgegebenen Willenserklärung lossagen, und der Inhalt des Vertrages kann nicht nachträglich verändert werden. Die Nichtabstreitbarkeit für die Vertragsparteien wird durch die Unterschriften auf dem Vertragsdokument gewährleistet, da durch die individuelle Unterschrift die Vertragspartner eindeutig festgehalten sind. Die Revisionssicherheit entsteht durch das Papierdokument, an dem Manipulationen nachgewiesen werden können.

Bei einem elektronischen Vertrag müssen diese Eigenschaften ebenfalls sichergestellt sein. Ein elektronisch geschlossener Vertrag muss also ermöglichen, die (evtl. nur virtuell anwesenden) Vertragspartner zweifelsfrei zu identifizieren,[33] und dass das Vertragsdokument nicht nachträglich von einer der Parteien verändert werden kann. Dies geschieht über digitale Signaturen.[34] Eine elektronische Signatur ist allerdings grundsätzlich jede Art von Datum, die zur Identifikation anderer elek-

---

[30] Vgl. Schaeuffelen, Angelika (1999) S. 182
[31] Vgl. Schaeuffelen, Angelika (1999) S. 183
[32] Vgl. z. B. Kapitel 5.2.2
[33] Vgl. Amor, Daniel (2001) S. 499
[34] Zur technischen Umsetzung von digitalen Signaturen vgl. Kapitel 3.3.3

tronischen Daten angehängt wird.[35] Damit die oben genannten Anforderungen erfüllt werden, sind so genannte qualifizierte Signaturen erforderlich. Entsprechend sind die gesetzlichen Anforderungen an qualifizierte Signaturen gestaltet. Eine qualifizierte elektronische Signatur muss:[36]

- Die Nichtabstreitbarkeit ermöglichen, indem diese Signatur nur dem Inhaber zur Verfügung steht und unter seiner alleinigen Kontrolle gehalten werden kann.

- Mit den Daten, denen die Signatur zugeordnet ist, derart verknüpft sein, dass eine nachtägliche Veränderung der Daten nachvollziehbar wird.

- Mit einem gültigen qualifizierten Zertifikat erzeugt werden, um sicherzustellen, dass der Inhaber der Signatur der ist, für den er sich ausgibt.

Die digitale Signatur nimmt somit bei elektronischen Verträgen die Funktion der Unterschrift bei konventionellen Verträgen ein.[37] Mit dem Gesetz zur digitalen Signatur werden digital signierte elektronische Verträge rechtlich konventionell geschlossenen Verträgen gleichgestellt,[38] wobei die Verwendung von elektronischen Signaturen den Vertragsparteien freigestellt ist.[39] Da die Beweiskraft und damit die Rechtssicherheit eines elektronischen Vertrages allerdings von der verwendeten elektronischen Signatur abhängen, muss der Verzicht auf qualifizierte elektronische Signaturen als rechtlich unsicher angesehen werden.[40]

3.2.4 Rahmenverträge

Wenn mit einem Lieferanten eine längerfristige Beziehung etabliert werden soll, so ist es unter Umständen sinnvoll, in einem Rahmenvertrag die grundsätzlichen Rahmenbedingungen der Geschäftsbeziehung festzulegen. Durch Festlegung die-

---

[35] Vgl. SigG (2001) § 2 Nr. 1
[36] Vgl. Geis, Ivo (2002) S. 297
Vgl. SigG (2001) § 2 Nr. 2-7
[37] Vgl. Heitmann, Annika (2002) S. 284
Vgl. Amor, Daniel (2000) S. 137
Vgl. Leu, Matthias (1999) S. 165
[38] Vgl. Geis, Ivo (2002) S. 296
Vgl. SigG (2001) §1 Abs. 1
Vgl. BGB (2003) § 126a Abs. 1
[39] Vgl. SigG (2001) § 1 Abs. 2
[40] Vgl. Geis, Ivo (2002) S. 301-303
Vgl. Schaeuffelen, Angelika (1999) S. 176
Vgl. Amor, Daniel (2000) S. 137

ser Rahmenbedingungen werden die Transaktionskosten für einzelne Transaktionen gesenkt, da die festgelegten Bedingungen nicht neu ausgehandelt werden müssen und Unklarheiten vermieden werden.[41] Dies gilt insbesondere, wenn mit einem Lieferanten eine elektronische Integration angestrebt wird, da in diesem Fall zahlreiche organisatorische und technische Vereinbarungen getroffen werden müssen.[42] Rahmenverträge sind vor allem bei geringwertigen Gütern mit hohem Bestellvolumen oder konstanten Losgrößen attraktiv, da hier durch eine langfristige Beziehung erhebliche Transaktionskosten eingespart werden können. Grundsätzlich sollte in einem Rahmenvertrag festgelegt sein:[43]

– Das anzuwendende Recht sowie der im Streitfall zuständige Gerichtsstand sollten insbesondere bei internationalen Geschäftsbeziehungen festgelegt sein, da die jeweiligen nationalen Regelungen erheblich voneinander abweichen können.

– Es sollte enthalten sein, ob die AGB der Käufer- oder Verkäuferseite Anwendung findet.

– Die Frist für die Annahme des Angebotes sowie Beginn und Ende der Vertragslaufzeit.

– Die Haftungspflichten, um zu regeln, welche Vertragspartei bei auftretenden Problemen verantwortlich ist.

– Welche Dokumente und Vereinbarungen vertraulich behandelt werden müssen. Die Vereinbarung der Geheimhaltung ist im B2B-Bereich von hoher Bedeutung und stellt in vielen Branchen den notwendigen ersten Schritt bei der Aufnahme einer Geschäftsbeziehung dar.[44]

Zu den Punkten, die in einem Rahmenvertrag nicht enthalten sein müssen, die aber im Bedarfsfall geregelt werden sollten, gehören:

– Die Vereinbarung von festen Preisrahmen, da insbesondere bei C-Gütern so erhebliche Vereinbarungskosten gespart werden können.

---

[41] Vgl. Müller, Günter / Eymann, Torsten / Kreutzer, Michael (2003) S. 373
Vgl. Schäfer, Harald / Schäfer, Burkhard (2001) S. 41
[42] Vgl. Hentrich, Johannes (2001) S. 37
[43] Vgl. Bogaschewsky, Ronald (1999) S. 34
Vgl. Wirtz, Bernd (2001) S. 580-581
Vgl. Bogaschewsky, Ronald (1999) S. 34-35
[44] Die konkrete Sicherstellung der Geheimhaltung beim Datenaustausch wird im Kapitel 3.3.2 behandelt.

– Format und Aufbau von ausgetauschten Daten. Im Rahmenvertrag kann für den Dokumentenaustausch die elektronische Form vereinbart werden, wodurch die Anforderungen an die digitale Signatur gelockert werden.[45] Hierdurch reduziert sich der Aufwand für elektronischen Austausch erheblich, da ansonsten alle Dokumente digital signiert werden müssten.

– Die Zuständigkeiten für Bereitstellung und Aufbereitung von Content sowie die entsprechenden Datenformate. Da die Bereitstellung und Aufbereitung von Content einen erheblichen Aufwand darstellen kann, sollte dieser Punkt vor der Einrichtung einer elektronischen Anbindung geklärt sein.

– Die Abwicklungsweise von Zahlungen. Hier kann festgelegt werden, ob Bezahlverfahren wie Gutschriftsverfahren oder Purchasing Cards zum Einsatz kommen. Bei Gutschriftsverfahren ist die vorherige Vereinbarung in einem Rahmenvertrag vorgeschrieben.[46]

3.2.5 Versteigererverordnung

Wenn Auktionen elektronisch abgewickelt werden, so stellt dies einen rechtlichen Sonderfall dar. Konventionelle Auktionen unterliegen der Versteigererverordnung (VerstV), die allerdings bisher nicht an die Besonderheiten elektronischer Abwicklung angepasst wurde.[47] Die entsprechenden Vorschriften im elektronischen Geschäftsverkehr einzuhalten (z.B. die Maßgabe, Auktionen zwei Wochen vor Beginn anzumelden[48]) ist schwierig bis unmöglich.[49]

Es existiert allerdings eine Entscheidung des Bundesgerichtshofs aus dem Jahr 2001, die festlegt, dass auch eine elektronische Auktion im Standardfall bereits ein Angebot und *nicht* eine Aufforderung zur Abgabe eines Angebots darstellt[50] und der Versteigernde somit an das Ergebnis der Auktion gebunden ist.[51]

---

[45] Vgl. Geis, Ivo (2002) S. 301
Vgl. BGB (2003) §127 Abs. 3
[46] Vgl. UStG (1980) §14
Vgl. Konhäuser, Christian (1999) S. 90
[47] Vgl. Amor, Daniel (2000) S. 127-128
Die letzte Überarbeitung der VerstV fand im Oktober 2003 statt und enthält keine Regelung für elektronische Auktionen
[48] VerstV (2003) § 3 Abs. 1
[49] Vgl. Amor, Daniel (2000) S. 128
[50] Vgl. Kapitel 3.3.2
[51] Vgl. Kilian, Wolfgang (2002) S.1002

Im B2B-Bereich (d.h. zwischen Kaufleuten) sind abweichende Vereinbarungen über die Allgemeinen Geschäftsbedingungen oder über Bedingungen zur Teilnahme an der Auktion möglich, d.h. der Versteigernde kann sich die Annahme von abgegebenen Angeboten auch vorbehalten. Dies ist allerdings explizit zu regeln.[52]

---

[52] Vgl. Amor, Daniel (2000) S. 105

3.3 Sicherheit

Neben juristischen Unsicherheiten sind Sicherheitsbedenken der Hauptgrund für Unternehmen, keine Geschäfte im Internet zu tätigen.[53] Die Grenze zwischen juristischer und technischer Sicherheit kann nicht immer scharf gezogen werden. Insbesondere die Anforderungen an die technische Sicherheit leiten sich aus den juristischen Anforderungen ab.[54] Um den sicheren Ablauf von Geschäften im Internet zu ermöglichen, ist der Einsatz bzw. die Einhaltung der grundsätzlichen Sicherheitsverfahren erforderlich. In diesem Kapitel werden deshalb die Anforderungen an die technische Sicherheit dargestellt und die entsprechenden Sicherheitsverfahren für Geschäftstransaktionen im Internet erläutert.

3.3.1 Anforderungen an die Sicherheit

Zur Gewährleistung der Transaktionssicherheit müssen elektronische Transaktionen fünf Anforderungen erfüllen:[55]

- Vertraulichkeit

- Authentizität

- Integrität

- Nichtabstreitbarkeit für den Absender

- Nichtabstreitbarkeit für den Empfänger

Authentizität bedeutet, dass der Absender der Nachricht zweifelsfrei identifiziert werden kann. Vertraulichkeit der Nachricht heißt, dass der Inhalt der Nachricht vor Dritten geheim bleibt. Die Integrität einer Nachricht ist gegeben, wenn die Nachricht vor Veränderungen nach ihrer Versendung geschützt ist. Nichtabstreit-barkeit bedeutet für den Absender, dass er nicht leugnen kann, die Nachricht ver-

---

[53] Vgl. Wirtz, Bernd (2001) S. 610
Vgl. Bogaschewsky, Ronald / Kracke, Uwe (1999) S. 187
[54] Vgl. Kapitel 3.3
[55] Vgl. Wirtz, Bernd (2001) S. 611
Vgl. Heitmann, Annika (2002) S. 284
Vgl. Trautmann, Rüdiger (2002) S. 341-345
Vgl. Bogaschewsky, Ronald / Kracke, Uwe (1999) S. 198
Vgl. Nekolar, Alexander-Philip (2003) S. 133-134
Vgl. Bullinger, Hans-Jörg et al. (2002) S. 233-234
Vgl. Müller, Günter / Eymann, Torsten / Kreutzer, Michael (2003) S. 392-394

schickt zu haben; und bedeutet für den Empfänger, dass er nicht leugnen kann, die Nachricht erhalten zu haben. Die einzelnen Anforderungen werden in Abbildung 3.7 den entsprechend geeigneten Sicherheitsverfahren zugeordnet.

	verschlüsselte Übertragung	qualifizierte digitale Signatur	digital signierte Bestätigung
Inhalt geheim	X		
Absender eindeutig		X	
Inhalt unverändert		X	
Nichtabstreitbar für Absender		X	
Nichtabstreitbar für Empfänger			X

Abbildung 3.7: Zuordnung Sicherheitsanforderungen zu Sicherheitsverfahren

Wie man sieht, sind die Spalten von Abbildung 3.7 disjunkt. Folglich müssen sämtliche Verfahren angewendet werden, um alle Anforderungen zu erfüllen. Konkret müssen Nachrichten im Rahmen von elektronischen Transaktionen digital signiert und verschlüsselt verschickt werden und anschließend vom Empfänger eine ebenfalls digital signierte und verschlüsselte Bestätigung zurückgeschickt werden, damit die Übertragung der Nachricht als sicher betrachtet werden kann.

3.3.2 Verschlüsselung

Um die Vertraulichkeit von Nachrichten bei der Übertragung über öffentliche Kanäle zu gewährleisten werden seit Jahrhunderten Verschlüsselungen eingesetzt. Hierzu wird die Nachricht vor der Übertragung von Absender chiffriert, anschließend wird der unleserliche Chiffretext zum Empfänger übertragen und von ihm wieder dechiffriert.[56]

---

[56] Vgl. Wirtz, Bernd (2001) S. 611-612
Vgl. Bogaschewsky, Ronald / Kracke, Uwe (1999) S. 188
Vgl. Amor, Daniel (2000) S. 144
Vgl. Müller, Günter / Eymann, Torsten / Kreutzer, Michael (2003) S. 398

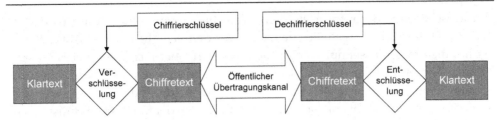

Abbildung 3.8: Grundprinzip der Verschlüsselung[57]

Die zwei wesentlichen Verschlüsselungsverfahren sind die symmetrische und a-symmetrische Verschlüsselung. Bei der symmetrischen Verschlüsselung wird ein- und derselbe Schlüssel zur Verschlüsselung und Entschlüsselung verwendet. Das hauptsächliche Problem dieses Verfahrens ist die Tatsache, dass nun die Übertragung des Schlüssels zwischen Absender und Empfänger zum Problem wird.[58] Dieses Problem besteht bei der asymmetrischen Verschlüsselung nicht.

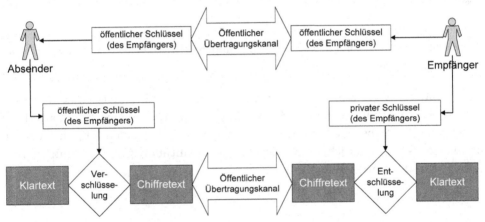

Abbildung 3.9: asymmetrische Verschlüsselung[59]

Bei der asymmetrischen Verschlüsselung steht dem Empfänger ein Schlüsselpaar zur Verfügung. Mit einem Schlüssel kann ausschließlich chiffriert, mit dem ande-

---

[57] Wirtz, Bernd (2001) S. 611
[58] Vgl. Amor, Daniel (2000) S. 149
     Vgl. Amor, Daniel (2001) S. 490-491
     Vgl. Müller, Günter / Eymann, Torsten / Kreutzer, Michael (2003) S. 399- 400
[59] Vgl. Bogaschewsky, Ronald / Kracke, Uwe (1999) S. 200
     Vgl. Müller, Günter / Eymann, Torsten / Kreutzer, Michael (2003) S. 402

ren ausschließlich dechiffriert werden. Der Schlüssel zur Chiffrierung wird vom Empfänger öffentlich zugänglich gemacht, was der Sicherheit keinen Abbruch tut, da mit diesem Schlüssel nur Nachrichten chiffriert, aber nicht dechiffriert werden können. Dieser Schlüssel wird daher auch als öffentlicher Schlüssel bezeichnet. Mit diesem Schlüssel chiffriert der Absender seine Nachricht und überträgt sie an den Empfänger. Der Empfänger kann die Nachricht mit dem anderen Schlüssel, der nur ihm bekannt ist und daher privater Schlüssel genannt wird, wieder entschlüsseln.[60]

3.3.3 Digitale Signatur

Die digitale Signatur eines Dokuments erfüllt, wie in Abbildung 3.7 gezeigt, drei Funktionen: Authentifizierung des Absenders, Sicherstellung der Integrität des Inhalts und Sicherstellung der Nichtabstreitbarkeit durch den Absender.[61] Der Einsatz der digitalen Signatur in elektronischen Verträgen wurde bereits im Kapitel 3.3.3 betrachtet, an dieser Stelle wird nun die technische Umsetzung der motivierten Anforderungen aufgezeigt.

„Authentifizierung ist ein Prozess, mit dem Identitäten zwischen zwei oder mehr Parteien nachgewiesen werden."[62]

Das bekannteste Verfahren zur Authentifizierung des Absenders einer Nachricht wird Message Authentication Code (MAC) genannt. Dieses Verfahren basiert auf einem nur dem Absender bekannten Schlüssel, der über einen Algorithmus mit der versendeten Nachricht zum Message Authentication Code verknüpft wird. Dieser wird der Nachricht beigefügt.

---

[60] Vgl. Wirtz, Bernd (2001) S. 612
Vgl. Schaeuffelen, Angelika (1999) S. 183
Vgl. Amor, Daniel (2000) S. 149
Vgl. Bogaschewsky, Ronald / Kracke, Uwe (1999) S. 198-200
Vgl. Müller, Günter / Eymann, Torsten / Kreutzer, Michael (2003) S. 401-402
[61] Vgl. Kilian, Wolfgang (2002) S. 1007
[62] o. V. (2006) S. 3

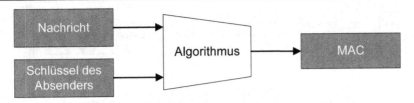

Abbildung 3.10: MAC-Verfahren zur Authentifizierung[63]

Der Empfänger führt die gleiche Berechnung durch und vergleicht sein Ergebnis mit dem der Nachricht beigefügten MAC. Stimmen die MACs überein, ist die Nachricht authentisch.[64]

Die digitale Signatur beruht auf diesem Prinzip. Der Algorithmus der digitalen Signatur erzeugt zunächst aus dem Text der Nachricht mit Hilfe einer Hashfunktion einen Hashwert des Dokuments. Dieser Hashwert wird vom Absender mit einem privaten Schlüssel verschlüsselt. Die Verschlüsselung bei der digitalen Signatur funktioniert nach dem gleichen Prinzip wie die in Kapitel 3.4.2 beschriebene asymmetrische Verschlüsselung. Hier ist allerdings der Chiffrierschlüssel privat und der Dechiffrierschlüssel öffentlich. Das heißt, jeder kann mit Hilfe des öffentlichen Schlüssels die digitale Signatur lesen, aber nur der Inhaber des privaten Schlüssels kann eine digitale Signatur erstellen.[65] Hiermit wird die gesetzliche Anforderung[66] erfüllt, dass die Mittel zur Erstellung der digitalen Signatur auf den Inhaber beschränkt sein müssen.

---

[63] o. V. (2006) S. 3
[64] Vgl. o. V. (2006) S. 3
   Vgl. Müller, Günter / Eymann, Torsten / Kreutzer, Michael (2003) S. 404
[65] Vgl. Bogaschewsky, Ronald / Kracke, Uwe (1999) S. 194 und S. 200-201
   Vgl. Amor, Daniel (2001) S. 197 und S. 499-500
   Vgl. Schaeuffelen, Angelika (1999) S. 174
   Vgl. Müller, Günter / Eymann, Torsten / Kreutzer, Michael (2003) S. 406
[66] Vgl. Kapitel 3.3.3

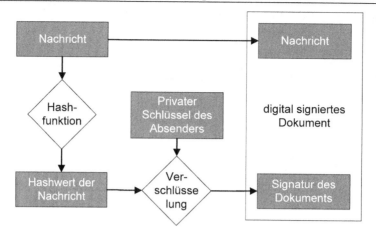

Abbildung 3.11: Erstellen einer digitalen Signatur

Zur Überprüfung einer digitalen Signatur wird aus der Nachricht mit derselben Hashfunktion der Hashwert der Nachricht erzeugt. Parallel dazu wird mit dem öffentlichen Schlüssel des Absenders aus der Signatur der Nachricht der ursprüngliche Hashwert der Nachricht dechiffriert. Diese beiden Werte werden verglichen.

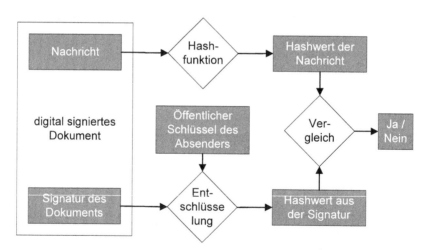

Abbildung 3.12: Prüfen einer digitalen Signatur

Stimmen die Werte überein, ist die Nachricht authentisch. Stimmen die Werte nicht überein so ist entweder der Unterzeichner nicht der, für den er sich ausgibt

(Hashwert aus der Signatur falsch), oder die Nachricht ist nach dem Signieren verändert worden (Hashwert aus dem Dokument falsch).[67] Die digitale Signatur ermöglicht somit, den Absender eindeutig zu identifizieren und Veränderungen am Inhalt zu verhindern.[68] Da diese beiden Faktoren gegeben sind, ist es dem Absender auch nicht möglich, sich nachträglich vom Inhalt der Nachricht zu distanzieren.

Es ist zu beachten, dass dieses Verfahren eine Schwachstelle besitzt: Wird eine digital signierte Nachricht abgefangen und von einem Dritten erneut abgeschickt, so wird sie nicht als falsch erkannt.[69] Insbesondere bei vielen gleichartigen Nachrichten besteht also die Gefahr, dass der Nachrichtenverkehr von Dritten sabotiert werden kann.

3.3.4 Vertrauenssiegel

Die einfachste Lösung, vollständige Sicherheit zu gewährleisten, besteht darin, keine Geschäfte zu tätigen. Sobald mit Partnern aus dem Markt auf elektronischem oder konventionellem Weg Transaktionen getätigt werden, besteht immer das Risiko, dass ein Partner sich nicht an Absprachen hält.[70] Bei elektronischen Transaktionen wird aufgrund der relativen Anonymität dieses Risiko besonders stark empfunden.[71] Zur Absicherung von Geschäftstransaktionen sind, wie beschrieben, zahlreiche Maßnahmen möglich, durch deren Anwendung jedoch die Transaktionskosten beträchtlich erhöht werden.

Insbesondere die elektronische Beschaffung von C-Gütern wird so erschwert, da die Kosten für die vollständige Absicherung der Transaktion den eigentlichen Wert des beschafften Artikels übersteigen. Dieses Problem wird gelöst, indem dem Lieferanten Vertrauen entgegengebracht wird.

Vertrauen ist „die Überzeugung, dass eine andere Person sich so verhält, wie es vereinbart wurde".[72]

---

[67] Vgl. Amor, Daniel (2001) S. 197
Vgl. Schaeuffelen, Angelika (1999) S. 174-175
[68] Vgl. Kilian, Wolfgang (2002) S. 1008
Vgl. Bogaschewsky, Ronald / Kracke, Uwe (1999) S. 201
[69] Vgl. o. V. (2006) S. 3
[70] Vgl. Einwiller, Sabine / Herrmann, Andreas / Ingenhoff, Diana (2005) S. 25
[71] Vgl. Kollmann, Tobias / Herr, Christian (2005) S.120
Vgl. Einwiller, Sabine / Herrmann, Andreas / Ingenhoff, Diana (2005) S. 25
[72] Noll, Jürgen / Winkler, Manuela (2004) S. 23

Vertrauen wird durch Erfahrung mit dem Lieferanten in einer Geschäftsbeziehung aufgebaut und beruht auf positiven Erfahrungen, die mit dem Lieferanten in der Vergangenheit gemacht wurden.[73]

Im Fall von CZ-Gütern kann jedoch aufgrund der unregelmäßigen Beschaffung des betreffenden Gutes keine Beziehung zum entsprechenden Lieferanten aufgebaut werden. Hier kann eine persönliche Beziehung zum Lieferanten durch ein so genanntes Vertrauenssiegel ersetzt werden. Beispiele für Vertrauenssiegel sind e-comtrust[74] und TRUSTe[75]. Vertrauenssiegel funktionieren derart, dass die Erfahrungen aus vielen Transaktionen mit dem betreffenden Lieferanten von einer zentralen Stelle gesammelt werden und bei vereinbarungsgemäßem Verhalten des Lieferanten diesem das Vertrauenssiegel verliehen wird. Die Zentralstelle wird als Trust Partner bezeichnet und wird typischerweise von Banken, Versicherungen oder Verbänden eingenommen.[76] Die Zertifizierung durch eine vertrauenswürdige Stelle, den Trust Partner, schafft also Vertrauen zum Lieferanten.[77] Die (positiven) Erfahrungswerte aus einer Beziehung liegen dem Einkäufer vor, auch wenn noch keine Geschäftsbeziehung zu diesem Lieferanten besteht. Die Transaktion mit dem betreffenden Lieferanten muss somit nicht aufwendig gegen Fehlverhalten abgesichert werden, wodurch erhebliche Transaktionskosten eingespart werden.

---

[73] Vgl. Kollmann, Tobias / Herr, Christian (2005) S. 120-122
Vgl. Bullinger, Hans-Jörg et al. (2002) S. 226
Vgl. Noll, Jürgen / Winkler, Manuela (2004) S. 24-25
Vgl. Schaeuffelen, Angelika (1999) S. 173
Vgl. Einwiller, Sabine / Herrmann, Andreas / Ingenhoff, Diana (2005) S. 26

[74] Vgl. Fässler, Lukas (2002) S. 203

[75] Vgl. Bullinger, Hans-Jörg et al. (2002) S. 235

[76] Vgl. Bullinger, Hans-Jörg et al. (2002) S. 234

[77] Vgl. Noll, Jürgen / Winkler, Manuela (2004) S. 26

3.4 Beschaffungsposition des Unternehmens

Eine funktionierende E-Procurement-Lösung erfordert mehr als eine korrekte technische Umsetzung. Der Betrieb einer E-Procurement-Lösung muss einen wirtschaftlichen Nutzen für das Unternehmen ermöglichen. Vor Einführung einer E-Procurement-Lösung muss daher geprüft werden, ob die Situation an den Märkten, an denen das Unternehmen einkauft, überhaupt den Einkauf über eine E-Procurement-Lösung zulässt. Es existieren sowohl für E-Ordering als auch für E-Sourcing Kriterien, die erfüllt sein müssen, damit der Einsatz einer entsprechenden Lösung sinnvoll ist.

Im Bereich E-Ordering müssen die Lieferanten, bei denen das Unternehmen einkauft, in der Lage sein, die technische Aufgabe, die ein Verkauf über eine E-Ordering-Lösung darstellt, zu bewältigen, bzw. es müssen Lieferanten gefunden werden, die in der Lage sind, dieses Kriterium zu erfüllen. Die Fähigkeit zum elektronischen Verkauf wird als E-Readiness bezeichnet.[78]

Hauptaufgabe hierbei ist in der Regel die Bereitstellung der Produktdaten in einem elektronischen Katalog. Da für die meisten Unternehmen der Papierkatalog immer noch die weitaus höhere Bedeutung hat, ca. 90% des Umsatzes im Durchschnitt, wird der Erstellung von elektronischen Katalogen in den meisten Unternehmen zu wenig Aufmerksamkeit geschenkt.[79] Bei der Erstellung eines elektronischen Kataloges muss beachtet werden, dass die Produktkommunikation anders als im Papierkatalog abläuft, z.B. Bilder an Bedeutung verlieren und Indizierung, Verschlagwortung und Systematisierung sehr viel wichtiger sind. Die Schwerpunkte liegen folglich bei der Erstellung anders. Es reicht also nicht aus, einfach den Papierkatalog in elektronischer Form auszugeben.

Das erste Kriterium im Bereich E-Sourcing sind die Kräfteverhältnisse am jeweiligen Markt. Beschaffungsmärkte, an denen Monopolverhältnisse herrschen, sind für den Einsatz einer E-Sourcing-Lösung ungeeignet, da die durch den Einsatz von E-Sourcing erzielbaren Einsparungen auf Intensivierung von Wettbewerb basieren. Im schlimmsten Fall kann die durch E-Sourcing entstehende Transparenz z.B. bei einer Auktion die Monopolstellung eines Lieferanten noch verstärken.

---

[78] Vgl. Arnold, Ulli / Kärner, Heinzpeter (2003) Abs. 1-4
[79] Vgl. o. V. (2003) Abs. 2
    Vgl. Arnold, Ulli / Kärner, Heinzpeter (2003) o. S.

Weiterhin muss die Beschaffungsstrategie des Unternehmens selbst auf eine Eignung für E-Sourcing überprüft werden. Single-Sourcing, also die intensive Zusammenarbeit mit einem ausgewählten Partner, ist mit E-Sourcing inkompatibel, da in diesem Fall die strategischen Entscheidungen gefallen sind und der Aufbau von Wettbewerb aufgrund der Sonderstellung des Lieferanten sehr schwierig wird.

Außerdem von Bedeutung ist die Leistungstiefe des Unternehmens. [80] Als Faustregel kann gelten: Je geringer die Leistungstiefe des Unternehmens ist, desto größer ist die Bedeutung der strategischen Beschaffung und desto lohnender ist folglich die Investition in eine E-Sourcing-Lösung.

---

[80] Vgl. Kapitel 2.1.5

3.5 Erfolgsfaktoren

3.5.1 Change Management

Für den erfolgreichen Betrieb einer E-Procurement-Lösung ist eine erfolgreiche Einführung, die die Zustimmung der Mitarbeiter findet, mit entscheidend. Es wäre nicht nötig, diesen offensichtlichen Umstand zu betonen, wenn nicht in gerade diesem Bereich häufig Fehler gemacht würden, an denen die Lösung letztendlich scheitert.

Die Überwachung und Steuerung der Veränderungen im Unternehmen während der Einführung wird als Change Management bezeichnet. Es ist sehr wichtig, während des gesamten Prozesses den Kontakt zu den Endanwendern zu halten und sie in die Entscheidung bei der Auswahl einer Lösung mit einzubinden.[81] So werden Faktoren wie Benutzerfreundlichkeit, einfache Bedienbarkeit und ausreichende Schulung der Anwender berücksichtigt. Dies ist gerade dann von Bedeutung, wenn das System nicht regelmäßig von allen Anwendern genutzt wird, weil je komplizierter das System und je höher der Schulungsaufwand, desto schneller verlernen die Anwender die Benutzung wieder. Je einfacher und eingängiger das System zu bedienen ist, desto eher wird es von den Anwendern als Verbesserung akzeptiert werden.[82]

Weiterhin sollte beachtet werden, dass, wenn das entsprechende Know-How nicht im Unternehmen verfügbar ist, auf jeden Fall bei der Einführung einer E-Procurement-Lösung Betreuung durch externe Berater erforderlich ist, da sonst vermeidbare „Anfängerfehler" gemacht werden. Den Einkäufern muss bewusst gemacht werden, dass die E-Procurement-Lösung als Werkzeug für Ihre Arbeit und nicht als Ersatz für ihr Können gedacht ist, da die Lösung sonst aus Existenzängsten heraus abgelehnt wird.

3.5.2 Anbindung an die Systemlandschaft

Auf der technischen Seite ist vor allem ein möglichst hoher Integrationsgrad der E-Procurement-Lösung in die übrige Systemlandschaft des Unternehmens zu beachten. Es sollte vermieden werden, E-Procurement als Insellösung zu sehen, die kei-

---

[81] Vgl. Arthur Andersen Consulting (2002) S. 5
Vgl. Gilbert, Alorie (2000) Abs. 22
[82] Vgl. Brenner, Walter / Lux, Andreas (2000) S. 245
Vgl. Winter, Klaus (2002) o. S.

nen Kontakt zu den übrigen Systemen hat. Die Schnittstellen des Systems nach außen sind von erheblicher Bedeutung.[83]

Für die Akzeptanz eines E-Procurement-Systems ist die Front-End-Anbindung zu den Benutzern wie beschrieben sehr wichtig. Bedienerfreundlichkeit und zur Verfügung gestellte Funktionalität sind hierbei entscheidend. [84] Die Front-End-Anbindung erfolgt in der Regel über eine XML-basierte Schnittstelle, deren Ausgabe über einen Web-Browser interpretiert werden kann. Da ein Web-Browser heutzutage auf jedem Computerarbeitsplatz verfügbar ist, entfällt der Aufwand, zusätzliche Software an jedem Arbeitsplatz zu installieren. Die Funktionalität des Front-Ends eines E-Ordering-Systems sollte folgendes enthalten:[85]

- Suchmaschine

- Verfügbarkeitsprüfung

- Speicherbarer Warenkorb

- Order-Tracking

Eine Suchmaschine ist zur effizienten Artikelauswahl unerlässlich. Es sollte nicht nur eine Suche über den Artikelnamen möglich sein, sondern auch über verschiedene Artikeleigenschaften sowie im besten Fall unscharfes Suchen. Die Implementierung der Suchmaschine kann auf die Performance des Systems entscheidenden Einfluss haben. Für zeitkritische Bestellungen sollte es möglich sein, die Verfügbarkeit eines Artikels beim Anbieter zu prüfen, um Verzögerungen berücksichtigen zu können. Ein speicherbarer Warenkorb ist erforderlich, um Bestellungen vorbereiten und Routinevorgänge vereinfachen zu können. Order-Tracking ist ebenfalls für zeitkritische Beschaffungen gedacht; durch Verfolgung des aktuellen Status einer Bestellung kann kalkuliert werden, wie viel Zeit bis zum Eintreffen der Bestellung noch vergeht.

Die Anbindung einer E-Procurement-Lösung an das ERP-System des Unternehmens ist aufgrund des für eine automatische Abwicklung von Bestellungen erforderlichen Datenaustauschs einer der kritischen Faktoren für den Erfolg einer E-Ordering-Lösung.[86]

---

[83] Vgl. Bauer, R. et al. (2001) S. 23
[84] Vgl. Podbelsek, Hans et al. (2000) S.20
Vgl. Nenninger, Michael (1999) S. 24
[85] Vgl. Nenninger, Michael (1999) S. 24-25
[86] Vgl. Nekolar, Alexander-Philip (2003) S. 51-52

Vom Bestellungsprozess her gesehen kann die Anbindung an zwei Punkten erfolgen: Bei der frühen Anbindung wird der erstellte Warenkorb, also eine Bestellanforderung, an das ERP-System übergeben und alles weitere, wie Genehmigungen, Buchungen und Übermittlung der Bestellung, erfolgt im ERP-System. Die späte Anbindung ist, erst die fertige Bestellung an das ERP-System zu übergeben und die Bestellabwicklung noch im E-Ordering-System zu realisieren.

Eine Stand-alone Umsetzung einer E-Procurement-Lösung ist möglich, durch den entstehenden Medienbruch zwischen E-Procurement-Lösung und ERP-System geht aber viel an Automatisierungspotential verloren.

3.5.3 Erfolgsfaktoren für E-Ordering-Lösungen

3.5.3.1 Content-Management

Um die Aufgabe des Content-Management bzw. der Katalogverantwortlichkeit betrachten zu können, muss zunächst der Begriff Content definiert werden. Content eines E-Ordering-Systems sind die für die Benutzer geeignet aufbereiteten Informationen aus den Produktkatalogen des oder der Anbieter.

Die Qualität des Content ist entscheidend dafür, dass Mitarbeiter die benötigten Artikel mit minimalem Aufwand finden, identifizieren und vergleichen können und die Artikeldaten auf aktuellem Stand sind.[87] Daher ist ein gutes Content-Management mit entscheidend für den Erfolg einer E-Ordering-Lösung, da eine E-Ordering-Lösung, bei der die benötigten Artikel nicht enthalten sind oder nur mit großem Aufwand gefunden werden können, nicht erfolgreich sein kann.

Die Aufgabe der Katalogverantwortlichen ist es, die Produktkataloge der einzelnen Anbieter einander anzugleichen, die Datenstrukturen anzupassen und auf aktuellem Stand zu halten. Dies geschieht in folgenden Schritten:[88]

– Spezifikation der Attribute jedes Artikels, die zu einer eindeutigen Beschreibung erforderlich sind.

– Kategorisierung der Artikel nach einer eindeutigen Struktur

---

Vgl. Podbelsek, Hans et al. (2000) S. 9
Vgl. Nenninger, Michael (1999) S. 25
[87] Vgl. Nekolar, Alexander-Philip (2003) S. 63-66
[88] Vgl. Puschmann, Thomas; Alt, Rainer (2001) S. 10

- Homogenisierung der Artikelbeschreibungen, d.h. Auflösung von Synonymen

- Konvertierung in das benötigte Katalogformat

Wie erwähnt,[89] hat die Katalogverantwortlichkeit erheblichen Einfluss auf die Struktur des Systems. Je nachdem, wer den Content bereitstellt, stehen unterschiedliche Prioritäten und Interessen im Vordergrund. Im Wesentlichen existieren drei Möglichkeiten, das Content-Management abzuwickeln:[90]

- Auf Einkaufsseite: Die Vorteile, das Content-Management im einkaufenden Unternehmen abzuwickeln, liegen auf der Hand: Der Content kann exakt den eigenen Bedürfnissen angepasst und die Kataloge sämtlicher Lieferanten können einander angeglichen werden. Das Problem hierbei ist, dass nicht alle Unternehmen über das notwendige Know-How verfügen und darüber hinaus der Aufwand erheblich ist.

- Auf Lieferantenseite: Lieferanten müssen grundsätzlich ihre Produktdaten in einem Katalog zusammenfassen, um ihr Angebot darzustellen. Belässt man es dabei, entstehen keine zusätzlichen Kosten, jedoch sind die Kataloge verschiedener Anbieter nur schwer miteinander zu durchsuchen und zu vergleichen.

- Durch Drittanbieter: In diese Kategorie fallen Anbieter katalogbasierter Marktplätze und professionelle Content-Manager. Sie haben den Vorteil, dass Content-Management zu ihrem Kerngeschäft gehört und dass der Katalog eines Lieferanten für mehrere Käufer in der Regel nur einmal angepasst werden muss.

3.5.3.2 Unterbindung von Maverick Buying

Maverick Buying[91] stellt für den Erfolg einer E-Ordering-Lösung eine erhebliche Gefahr dar. Finden zu viele Bestellungen am E-Ordering-System vorbei statt, sinkt die Auslastung des Systems und damit die Rentabilität. Weiter werden die mit den offiziellen Lieferanten verhandelten Einsparungen nicht vollständig realisiert, und die Transparenz des Einkaufsverhaltens verringert sich. Von erheblicher Bedeutung für den Erfolg einer E-Ordering-Lösung ist es daher, sicherzustellen, dass die

---

[89] Vgl. Kapitel 2.2.2
[90] Vgl. Bogaschewsky, Ronald (1999) S. 26
[91] Vgl. Kapitel 1.3

geplanten Bestellungen auch wirklich über das elektronische System abgewickelt werden und dass so wenig wie möglich Schwarzeinkäufe am System vorbei stattfinden. Der wichtigste Schritt, um dieses Ziel zu erreichen, ist es, keinen „Parallelbetrieb" mit Papierkatalogen zu fahren, sondern diese vollständig abzuschaffen, d. h. die Mitarbeiter sollten im Idealfall von der Artikelsuche über die Auswahl bis zur Bestellung alles über das E-Ordering-System abwickeln.[92]

3.5.3.3 Anwendung des Prinzips der Direktbeschaffung

Das Ziel einer E-Ordering-Lösung ist es, dass letztendlich jeder Mitarbeiter seinen Bedarf über das E-Ordering-System selbst bestellen kann. Diese Vorgehensweise wird als Direktbeschaffung bezeichnet. Um die so angestrebte Vereinfachung zu erreichen, muss der Beschaffungsprozess überarbeitet werden, Genehmigungs- und Kontrollstrukturen müssen entweder ins System integriert oder entfernt werden. Es sollte verhindert werden, dass durch unreflektierte Übernahme von Genehmigungsvorschriften ein „Kontrollchaos" entsteht, wenn versucht wird, die bisherigen Genehmigungsregeln auf das E-Ordering-System anzuwenden.[93]

Weiterhin sollte vermieden werden, in undurchdachten Sparversuchen zentrale Besteller mit Zugang zum System einzuführen und alle anderen Mitarbeiter an diese zu verweisen. Lediglich der Aufwand für Schulungen und Softwarelizenzen sollte bei der Ausdehnung des Systems beachtet werden.

3.5.4 Erfolgsfaktoren für E-Sourcing-Lösungen

3.5.4.1 Erfolgsfaktoren für elektronische Ausschreibungen

Der häufigste über E-Sourcing-Lösungen abgewickelte Beschaffungsvorgang sind Ausschreibungen. Die Qualität des Ausschreibungsergebnisses hängt dabei direkt von der Qualität der Ausschreibung ab. Bei der Vorbereitung und Durchführung einer Ausschreibung sollten deshalb folgende Schritte beachtet werden:

- Klare Zielfestlegung

- Möglichst genaue Spezifikation des Produkts

- Sorgfältige Auswahl der Adressaten

- Analyse und Bewertung des Auktionsergebnisses

---

[92] Vgl. Gilbert, Alorie (2000) Abs. 23-25
[93] Vgl. Hammer, Michael / Champy, James (1994) S. 80-81

Vor Beginn der Erstellung einer Ausschreibung sollte klar festgelegt werden, was mit dieser Ausschreibung für Informationen eingeholt werden sollen. Mögliche Zielsetzungen wären z.B. ein Überblick über den Markt, die Identifikation neuer Lieferanten, oder die konkrete Feststellung, wie ein Bedarf gedeckt werden kann. Von dieser Zielsetzung hängt ab, wie und an wen die Ausschreibung ausgegeben wird.

Anschließend sollte der Bedarf in der Ausschreibung so genau wie möglich spezifiziert werden – je ungenauer die Ausschreibung formuliert ist, desto schlechter können die Lieferanten abschätzen, ob sie den Auftrag übernehmen können und desto vager werden die Angebote ausfallen. Die einzige Ausnahme hierbei sind sensitive oder vertrauliche Daten. Hier sollte zuerst eine Vorauswahl erfolgen, bevor derartiges Material an Lieferanten weitergegeben wird.

Der nächste Schritt ist die sorgfältige Auswahl der Adressaten der Ausschreibung. Je allgemeiner die Informationen sind, die man benötigt, desto mehr Lieferanten sollten die Ausschreibung erhalten.

Die Auswertung des Auktionsergebnisses sollte nicht nur quantitativ, sondern auch qualitativ erfolgen. Hat der Einkäufer die erwünschten Informationen erhalten, wenn nein, warum nicht? Standen den Lieferanten alle erforderlichen Informationen zur Verfügung? Die Auswertung einer Ausschreibung sollte immer auch genutzt werden, um die nächste Ausschreibung besser vorbereiten zu können.

3.5.4.2 Erfolgsfaktoren für elektronische Auktionen

Auktionen ersetzen die einer Ausschreibung normalerweise nachfolgende Verhandlungsphase. Auktionen sind keine „Selbstläufer". Bei der Vorbereitung und Durchführung von Auktionen müssen bestimmte kritische Faktoren beachtet werden.

- Auktionseignung des Bedarfs

- Preis als alleiniges Kriterium

- Seriosität der Beteiligten

Der erste Schritt zur Vorbereitung einer Auktion ist die Überprüfung, ob der Bedarf überhaupt für eine Auktion geeignet ist. Hierzu müssen 4 Kriterien erfüllt sein:[94]

---

[94] Vgl. Helgemeier, Mark (2004) S. 11

– Spezifizierbarkeit: Es muss möglich sein, exakt zu spezifizieren, was Gegenstand der Auktion ist. Für alle Beteiligten müssen die Einzelheiten des Bedarfs klar ersichtlich sein, um Missverständnissen und daraus resultierenden unrealistischen Geboten vorzubeugen.

– Lieferantenwechsel möglich: Sollte nicht der bisherige Lieferant die Auktion gewinnen, so muss ein Wechsel zum Auktionsgewinner problemlos möglich sein. Wenn die Beschaffungsstrategie des Unternehmens[95] einen Wechsel unmöglich macht, ist eine Auktion sinnlos, da der bisherige Lieferant weiß, dass er den Auftrag bekommt, unabhängig vom Ausgang der Auktion. Er hat daher keine Motivation, sein Angebot zu verbessern.

– Marktsituation: Gleiches gilt für die Situation am Markt.[96] Wenn nur ein Anbieter bereit ist, mit zu bieten, erübrigt sich eine Auktion.

– Kosten-/Nutzenverhältnis: Der mit der Auktion erzielbare Nutzen muss die Kosten der Auktion (Vorbereitung, Arbeitszeit, Lieferantenwechsel) übersteigen, damit eine Auktion sinnvoll ist. Daher muss das mit der Auktion vergebene Beschaffungsvolumen einen gewissen Wert (als Faustregel ca. 50.000 €) übersteigen, damit eine Auktion sinnvoll wird.

Der nächste Schritt ist die Reduzierung der Unterschiede zwischen den einzelnen Bietern auf den Preis als alleiniges Kriterium. Das heißt, Unterschiede im Hinblick auf Qualität, Lieferkonditionen, Standorte, usw. müssen ausgeglichen werden, indem entweder der Auktionator verbindliche Vorgaben macht, was diese Punkte betrifft, oder die Unterschiede in den Preis eingerechnet werden. Dies geschieht, indem eventuelle Unterschiede in Form von Boni oder Mali auf die Gebote angerechnet werden.

Von extremer Bedeutung ist die Seriosität aller Beteiligten. Auf Bieterseite kann ein einziger Bieter, der unrealistische oder nicht ernst gemeinte Gebote abgibt, den gesamten Auktionsverlauf verzerren. Auf Einkäuferseite muss die Fairness und Transparenz der Entscheidungsfindung gewährleistet sein, weil die Bieter sich sonst betrogen fühlen. Der Einkäufer sollte darauf achten, die Bedingungen der Auktion allen Beteiligten deutlich zu machen, um Unklarheiten und Intransparenzen zu vermeiden.

---

[95] Vgl. Kapitel 3.1.2
[96] Vgl. Kapitel 3.4

4 Standards für E-Procurement

4.1 Grundlagen des Datenaustauschs

Die Basis allen Handels ist die Interaktion zwischen den einzelnen Handelspartnern. Im konventionellen Handel stehen sich hier menschliche Partner gegenüber. Durch das Aufkommen elektronisch unterstützter Handelsbeziehungen mit automatisierter Abwicklung der einzelnen Transaktionen[1] sind drei verschiedene Interaktionsformen möglich geworden:[2]

– Mensch zu Mensch: Bei Handelstransaktionen zwischen Menschen finden die Kontakte persönlich oder über ein reguläres Kommunikationsmedium wie zum Beispiel Telefon oder E-Mail statt, was hohe Transaktionskosten verursacht.

– Mensch zu Maschine: Bei Transaktionen von Mensch zu Maschine, zum Beispiel bei elektronischen Bestellungen bei einem Lieferanten, ist das Interface sehr wichtig für den Erfolg. Hier sind geringe Kosten pro Transaktion erzielbar.

– Maschine zu Maschine: Transaktionen ohne menschlichen Eingriff direkt zwischen Maschinen abzuwickeln, ist in der Praxis nur möglich, wenn entsprechende Infrastruktur und Standards vorhanden sind, da ansonsten der Aufbau einer Verbindung enorme Kosten verursachen würde. Die Grenzkosten einer Einzeltransaktion sind bei Transaktionen Maschine zu Maschine praktisch Null.

Die Grundlage ganz oder teilweise elektronisch abgewickelter Transaktionen, also von Transaktionen, bei denen mindestens ein Partner eine Maschine ist, ist entsprechende Infrastruktur mit geeigneter Unterstützung des elektronischen Datenaustauschs. Dieses Unterkapitel behandelt die notwendige Infrastruktur, die grundlegend für E-Procurement erforderlich ist. Dies lässt sich unter anderem daran erkennen, dass die Verwendung dieser Infrastruktur zur Unterstützung der Beschaffung explizit in einigen Definitionen von E-Procurement erwähnt ist, zum Beispiel:

---

[1] Vgl. Möhrstädt, Detlef / Bogner, Philipp / Paxian, Sascha (2001) S. 8
[2] Vgl. Müller, Günter / Eymann, Torsten / Kreutzer, Michael (2003) S.185

„Die internetbasierte Beschaffung wird als E-Procurement bzw. E-Purchsing bezeichnet."[3]

Das bekannteste Referenzmodell zu Systematisierung von Computernetzwerken wie dem Internet ist das ISO/OSI 7-Schichten Modell. In diesem Modell wird das betrachtete Netzwerk, wie in Abbildung 4.1 gezeigt, in 7 Schichten eingeteilt, die jeweils abstraktere Teilaufgaben der Datenübertragung erfüllen.[4]

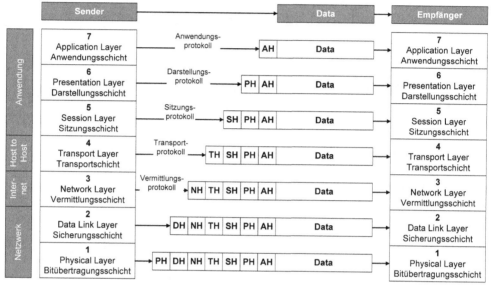

Abbildung 4.1: ISO / OSI 7-Schichten-Modell[5]

Für die Betrachtung von E-Business wird dieses Modell, wie Abbildung 4.2 zeigt, um eine achte Schicht erweitert, die über die bisherigen sieben Schichten gelegt wird. In dieser Schicht erfolgt die Integration der Prozesse der Partner, eine Aufgabe, die noch abstrakter ist als der reine Datenaustausch.[6] Dies deckt sich mit der

---

[3] Eyholzer, Kilian (2002) S. 1
[4] Vgl. Tanenbaum, Andrew (2003) S. 54-55
[5] Vgl. Müller, Günter / Eymann, Torsten / Kreutzer, Michael (2003) S. 31-34
Vgl. Tanenbaum, Andrew (2003) S. 56
[6] Vgl. Müller, Günter / Eymann, Torsten / Kreutzer, Michael (2003) S. 32
Vgl. Thome, Rainer (2002) o. S.

entsprechenden Definition von E-Business, der „integrierten Ausführung aller digitalisierbaren Bestandteile ökonomischer Prozesse".[7]

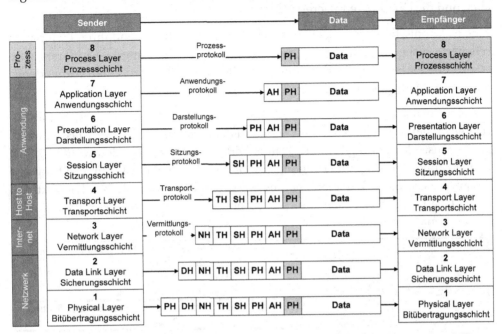

Abbildung 4.2: Um Prozessintegration erweitertes ISO / OSI 7-Schichten-Modell[8]

Im Folgenden werden Netzwerke, speziell das Internet, als grundlegende Infrastruktur für E-Procurement sowie die wesentlichen Verfahren zum Austausch von Transaktionsdaten zwischen Unternehmen, Electronic Data Interchange und die Extensible Markup Language, betrachtet. Diese können wie folgt in das ISO/OSI 7-Schichten-Modell eingeordnet werden: Netzwerke bilden die Grundlage des Datenaustauschs, sie sind in Schicht 1-3 anzusiedeln. Die Verfahren für den Datenaustausch bilden Schicht 5-7. Die konkret für Prozesse im E-Business beziehungsweise E-Procurement entwickelten Standards bilden, wie schon erläutert, die achte Schicht.

Einheitliche Standards, das heißt, die Einigung der beteiligten Partner auf ein einheitliches Format für den Datenaustausch, sind von zentraler Bedeutung, weil der

---

7 Thome, Rainer (2002) o. S.
8 Vgl. Tanenbaum, Andrew (2003) S. 56
   Vgl. Müller, Günter / Eymann, Torsten / Kreutzer, Michael (2003) S. 32

Austausch von Daten ansonsten zwischen jeder Stufe der Supply Chain einzeln vereinbart werden müsste, wobei jede Konvertierung der Daten Kosten verursachen und die Qualität reduzieren würde.[9]

Eine elektronische Zusammenarbeit zwischen Unternehmen und ihren Lieferanten scheiterte bisher oftmals an fehlenden Standards, beziehungsweise daran, dass einer der Partner nicht in der Lage war, die Anforderungen eines vorhandenen Standards zu erfüllen.[10]

Die einzelnen existierenden Standards können, wie Abbildung 4.3 zeigt, in Kategorien eingeteilt werden. Es können Standards zur Identifikation, zur Klassifikation, zur Datenstrukturierung und zur Datenübertragung unterschieden werden.[11] Eine Untergruppe der Datenübertragungsstandards sind Standards für elektronische Finanztransaktionen. Diese nehmen eine Sonderstellung ein, da bei der elektronischen Übertragung von Finanzmitteln besondere Sicherheitsvorkehrungen getroffen werden müssen.

Identifikationsstandards	Data Universal Numbering System
	Universal Product Code
	European Article Number
	Electronic Product Code
Klassifikationsstandards	Universal Standard Products and Services Classification
	eCl@ss
Datenstrukturstandards	BMEcat
	eCatalog XML
Datenübertragungsstandards	United Nations Electronic Data Interchange for Administration, Commerce and Trade
	Open Catalog Interface
	Rosetta Net
Finanztransaktionsstandards	Secure Electronic Transaction

Abbildung 4.3 Kategorien von Standards

Der zentrale Unterschied zwischen den einzelnen Kategorien ist die unterschiedliche Fokussierung auf Syntax oder Semantik. Die Standards zur Produktklassifikation sind semantische Standards, hier wird vorgegeben, welche Information wo positioniert sein soll. Das heißt, sie sind keine Datenaustauschnorm, sondern ein

---

[9] Vgl. Hentrich, Johannes (2001) S. 70
Vgl. Woisetschläger, Ernst (2006) S. 18
[10] Vgl. Arthur Andersen Consulting (2002) S. 22-24
[11] Vgl. Zentralverband Elektrotechnik- und Elektronikindustrie e.V. (2006) S. 6
Vgl. Hentrich, Johannes (2001) S. 82

beschreibendes Datenmodell. Datenübertragungsstandards und Datenstruktur-standards sind syntaktische Standards, sie geben nur an, wie die Daten aufgebaut sein sollen, nicht welche Bedeutung der Inhalt hat.

Der Unterschied zwischen Datenstrukturstandards und Datenaustauschstandards besteht darin, dass strukturierte Daten, in diesem Fall elektronische Kataloge, sta-tisch sind, das heißt, ein Datenstrukturstandard gibt an, wie der gesamte Katalog zur einmaligen Übertragung gespeichert wird, wohingegen ein Datenaustausch-standard ein Protokoll ist, das vorgibt, wie einzelne Elemente über eine Leitung ausgetauscht werden. Dieser Unterschied wird in Abbildung 4.4 verdeutlicht.

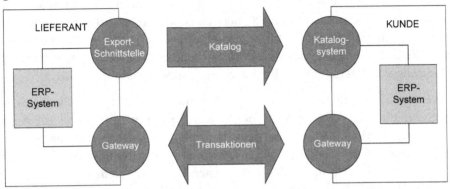

Abbildung 4.4: Übertragung von Katalog- und Transaktionsdaten[12]

Neben den in diesem Kapitel betrachteten existieren natürlich noch zahlreiche weitere Standards, eine vollständige Auflistung und analytische Betrachtung wür-de allerdings zu weit führen und ist darüber hinaus nicht Kernthema dieses Buchs. Dieses Kapitel soll vielmehr einen Überblick über die verschiedenen für den Da-tenaustausch erforderlichen Arten von Standards schaffen und diesen Überblick durch Beispiele veranschaulichen. Weiterhin soll dieses Kapitel aufzeigen, in wie weit Automatisierungen des Datenaustauschs zwischen Unternehmen zur Ver-meidung von Medienbrüchen durch Standardisierung möglich sind.

---

[12] Vgl. Renner, Thomas (1999) S. 133
Vgl. Schulte, Christof (2003) S. 328

4.1.1 Netzwerke

Wenn Unternehmen, die über ihre jeweiligen Supply Chains miteinender in Beziehung stehen, elektronische Verbindungen zueinander aufbauen, entsteht zwangsläufig eine netzwerkartige Struktur. An dieser Stelle werden die grundlegenden Begriffe dieser Netzwerke erklärt, zur Geschichte und tieferen Funktionsweise von Netzwerken, speziell des Internets, sei auf die entsprechende Literatur verwiesen.[13]

Das für E-Business entscheidende Netzwerk ist das Internet. Dies hängt vor allem damit zusammen, dass in der Frühphase von E-Business und E-Commerce die Entwicklung durch die Ausbreitung des Internet mit vorangetrieben wurde, während vor allem E-Commerce im B2C-Bereich seinerseits mit die Ausbreitung des Internets beschleunigte. Es liegt hier also eine Wechselwirkung vor, die zwar mit dem Ende des Internet-Hypes ihre Wirkung teilweise verloren hat, aber die enge Verbindung von Internet und E-Business, auch in der Literatur, erklärt.[14]

Ein wichtiges Element zur Anbindung der einzelnen Benutzer an eine E-Business-Anwendung ist der Webbrowser, eine Software, die zum Aufruf und zur Anzeige von Webseiten dient.[15] Abgesehen von den individuellen Oberflächen von Back-End-Systemen, findet ein Zugang zu E-Business-Systemen in der Regel über einen Webbrowser statt. Das heißt, das entsprechende System stellt die erforderlichen Inhalte in einer für Browser geeigneten Form bereit, wodurch der Benutzer auf sie zugreifen kann. Der zentrale Vorteil dieser Vorgehensweise ist, dass keine zusätzliche Software zur Anbindung der Benutzer notwendig ist und somit die E-Business-Systeme sehr leicht skaliert werden können.[16]

Die für das Internet entwickelten Technologien können von der technischen Infrastruktur des Internets entkoppelt und auch in Verbindung mit anderen Netzwerken eingesetzt werden.[17] In Anlehnung an die Architektur des Internets begannen Unternehmen, einfache Geschäftsprozesse durch Netzwerke im Unternehmen, so genannte Intranets, zu unterstützen. Diese Netzwerke nutzen die gleiche Techno-

---

[13] Z. B. Tanenbaum, Andrew (2003)
[14] Vgl. Müller, Günter / Eymann, Torsten / Kreutzer, Michael (2003) S. 1
 Vgl. Bogaschewsky, Ronald / Kracke, Uwe (1999) S. 87
 Vgl. Corsten, Daniel / Gabriel, Christoph / Felde, Jan (2002) S. 802
[15] Vgl. Bogaschewsky, Ronald / Kracke, Uwe (1999) S. 62
[16] Vgl. Bogaschewsky, Ronald / Kracke, Uwe (1999) S. 65 und S. 75
[17] Vgl. Bogaschewsky, Ronald / Kracke, Uwe (1999) S. 84

logie wie das Internet, sind aber entsprechend auf einem lokalen Netz des Unternehmens aufgebaut.[18]

Um die Verbindungen zwischen Unternehmen abzusichern, die, wenn sie über das Internet abgewickelt werden würden, Sicherheit nicht garantieren könnten, sind so genannte Virtual Private Networks (VPN) entstanden. Sie realisieren ein Netzwerk zwischen Unternehmen über verschiedene Infrastrukturen, das über entsprechende Sicherheitsmassnahmen[19] so abgesichert wird, dass nur die beteiligten Partner auf die übertragenen Informationen zugreifen können. Derartige Netze zwischen Unternehmen werden auch als Extranets bezeichnet.[20] Der Zusammenhang zwischen Internet, Intranet und Extranet wird in Abbildung 4.5 dargestellt:

---

[18] Vgl. Müller, Günter / Eymann, Torsten / Kreutzer, Michael (2003) S. 29
      Vgl. Brenner, Walter / Lux, Andreas (2000) S. 74-75
      Vgl. Schulte, Christof (2005) S. 123
[19] Vgl. Kapitel 3.4
[20] Vgl. Müller, Günter / Eymann, Torsten / Kreutzer, Michael (2003) S. 412
      Vgl. Brenner, Walter / Lux, Andreas (2000) S. 75-77

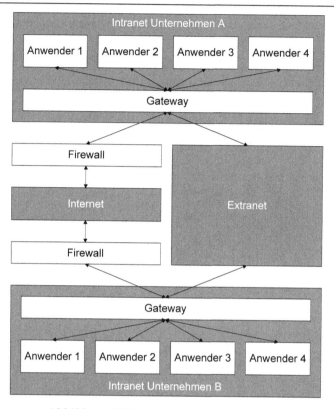

Abbildung 4.5: Internet, Intranet, Extranet[21]

Es sollte im Hinblick auf die neueren Entwicklungen im Bereich der drahtlosen Kommunikation noch angemerkt werden, dass die Anwendung der Internet-Technologien nicht auf feste Netze beschränkt ist, sondern auch Funknetze zur Anbindung von Teilnehmern an E-Business-Systeme verwendet werden können.[22] Diese Möglichkeit ist jedoch hauptsächlich für die Bereiche E-Commerce und E-Logistics relevant, aktuell hat sich E-Procurement über drahtlose Netze (M-Procurement) wenig verbreitet.

Es kann also festgestellt werden, dass der Begriff „internetbasiert" in Bezug auf E-Business und E-Procurement vorsichtig verwendet werden muss: Die gleichen

[21] Vgl. Heinzmann, Peter (2002) S. 53
      Vgl. Bogaschewsky, Ronald / Kracke, Uwe (1999) S. 84
[22] Vgl. Schulte, Christof (2005) S. 115

Konzepte können auch über alternative Kommunikationswege realisiert werden, beispielsweise über ein Extranet, das nicht über einen Tunnel via Internet aufgebaut wird, sondern als Grundlage das konventionelle Telefonnetz verwendet. Hier wird das Internet in keiner Weise berührt, abgesehen davon, dass Technologien angewendet werden, die ursprünglich für das Internet entwickelt wurden. Die Konzepte E-Business und E-Procurement sind also von der technischen Infrastruktur, über die sie realisiert werden, weitgehend unabhängig.[23]

Das technische Problem der Vernetzung von Unternehmen mit physischen Verbindungen kann also über das Internet oder andere Netzwerke gelöst werden.[24] Die für eine Verbindung beziehungsweise eine Integration von Unternehmen auf elektronischem Weg notwendigen Aufwendungen werden also für die Integration der Prozesse notwendig, nicht für das Herstellen der technischen Verbindung.

4.1.2 Electronic Data Interchange

Electronic Data Interchange (EDI) bedeutet wörtlich übersetzt „elektronischer Datenaustausch". Das Problem mit dieser Umschreibung ist, dass wirklich jeder elektronische Austausch von irgendwie strukturierten Geschäftsdaten darunter fallen würde, selbst der Versand eines Word-Dokuments per E-Mail. (Tatsächlich existiert ein Versuch, Electronic Data Interchange auf E-Mail-Basis umzusetzen, EDI-Mail, der sich jedoch nicht durchgesetzt hat.)[25] In der Praxis wird unter Electronic Data Interchange der Austausch von Daten über Verbindungen auf Basis spezieller Vereinbarungen zwischen den Beteiligten verstanden.[26] Die gängigsten Umsetzungen von Electronic Data Interchange werden in Abbildung 4.6 gezeigt.

---

[23] Vgl. Hermanns, Arnold / Gampenrieder, Ariane (2002) S. 73
Vgl. Bogaschewsky, Ronald / Kracke, Uwe (1999) S. 84
[24] Vgl. Buchholz, Wolfgang / Werner, Hartmut (2001) S. 333
[25] Vgl. Nekolar, Alexander-Philip (2003) S. 85
Vgl. Hoffmann & Zachau Unternehmensberatung (2000) S. 27
[26] Vgl. Thome, Rainer (2006) S. 78
Vgl. Schulte, Christof (2005) S. 112
Vgl. Appelfeller, Wieland / Buchholz, Wolfgang (2005) S. 153

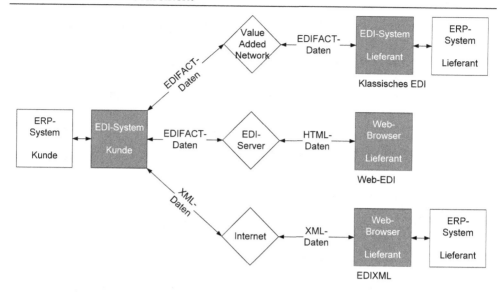

Abbildung 4.6: Arten von Electronic Data Interchange

Beim Einsatz von EDI werden die Bedingungen für den Datenaustausch direkt zwischen den Partnern ausgehandelt, was die Kosten erhöht und eine langfristige Bindung erfordert.[27] Dies geschieht über für EDI geeignete Standards, der wichtigste von diesen ist der UN/EDIFACT.[28]

Wie oben erwähnt existieren zahlreiche Ausprägungen von EDI. EDI in seiner ursprünglichen Form wird daher als klassisches EDI bezeichnet. Um eine verwendbare Definition des Datenaustauschs per klassischem EDI zu erhalten, sollte aus der oben genannten Definition für EDI aller Datenaustausch ausgeklammert werden, der unter ein anderes EDI-Verfahren fällt. Klassisches EDI ist als bilaterale Punkt-zu-Punkt Verbindung gedacht, das heißt für den Datenaustausch zwischen zwei Unternehmen.[29] Multilaterale Verbindungen, also zum Beispiel die Anbindung mehrerer Lieferanten, werden als Value Added Network (VAN) bezeichnet. Zum Aufbau eines Value Added Network ist ein enormer Aufwand erforderlich, hauptsächlich, weil alle beteiligten Unternehmen auf ihrer Seite eine EDI-fähige

---

[27] Vgl. Müller, Holger (1999) S. 212
[28] Vgl. Kapitel 4.5.1
Vgl. Rajaraman, V. (2001) S. 19
[29] Vgl. Fromm, Hansjörg / Saedltler, Dietmar (2001) S.142
Vgl. Reindl, Martin / Oberniedermaier, Gerhard (2002) S. 78

Anbindung benötigen und ein gemeinsamer Standard gefunden werden muss. Daher ist klassisches EDI für die C-Teile-Beschaffung wenig geeignet, weil die Anbindung von vielen Lieferanten zu kostenaufwendig wird.[30]

Um die Probleme von klassischem EDI zu umgehen, wurde WebEDI entwickelt. Das Ziel von WebEDI ist die Anbindung von Lieferanten mit geringem Transaktionsvolumen, meistens kleinen und mittelständischen Unternehmen, an das System eines EDI-Betreibers. Hierbei soll der Aufwand wesentlich geringer ausfallen als bei klassischem EDI, weil die Anbindung des Lieferanten sich sonst nicht rechnet. WebEDI läuft über einen speziell für EDI eingerichteten Webserver; der Lieferant loggt sich über einen herkömmlichen Browser auf dem Server ein und liest z.B. seine Aufträge oder gibt Rechnungsdaten ein. Die Kosten für Lieferanten sind auf diese Art wesentlich geringer, aber es existiert keine Back-End-Anbindung auf Lieferantenseite. Dieser Medienbruch wird bewusst in Kauf genommen und der Lieferant hat keinen Vorteil aus dem Einsatz von EDI abgesehen davon, dass er seinen Kunden nicht verliert.[31]

Die neueste Entwicklung im Bereich Electronic Data Interchange ist EDIXML. Hier wird, anstelle konventioneller Standards wie UN/EDIFACT, ein Standard auf Basis von XML[32] verwendet. Es wird also, statt eine vorgegebene Struktur zu verwenden, XML eingesetzt, um Daten und Struktur zu übertragen. Da die Struktur von Fall zu Fall mit übertragen wird, muss sie nicht vorher aufwändig vereinbart oder bei Änderungen modifiziert werden. Daher ist EDIXML ebenfalls wesentlich günstiger als das klassische EDI und damit auch für kleine und mittelständische Unternehmen interessant. Der Vorteil gegenüber WebEDI ist, dass bei Daten im XML-Format im Gegensatz zum HTML-Format durch die Übertragung mit der zugrunde liegenden Struktur der Import und Export in ein Back-End-System möglich ist.[33]

4.1.3 Extensible Markup Language

Die Extensible Markup Language (XML) ist eine aus der Standard Generalized Markup Language (SGML) abgeleitete Sprache zur Festlegung der Struktur von

---

[30] Vgl. Rajaraman, V. (2001) S. 22
    Vgl. Afif, Noelani (1999) o. S.
[31] Vgl. Appelfeller, Wieland / Buchholz, Wolfgang (2005) S. 157-158
    Vgl. Hoffmann & Zachau Unternehmensberatung (2000) S. 27-28
[32] Vgl. Kapitel 4.1.3
[33] Vgl. Rajaraman, V. (2001) S. 24
    Vgl. Appelfeller, Wieland / Buchholz, Wolfgang (2005) S. 155-156
    Vgl. Müller, Günter / Eymann, Torsten / Kreutzer, Michael (2003) S. 287

Daten, d.h. eine Sprache in der andere Sprachen beschrieben werden. Eine solche Sprache wird als Metasprache bezeichnet.[34]

In XML werden die eigentlichen Informationen von den Regeln zu ihrer Strukturierung und Interpretation getrennt, wodurch die in einem XML-Dokument enthaltenen Daten jederzeit für verschiedene Verwendungen aufbereitet werden können. XML-Dokumente sind daher sowohl für Menschen als auch für Maschinen lesbar.[35] Dies geschieht in XML, indem die zum Aufbau von XML-Dokumenten definierten Regeln in einer Document Type Definition (DTD) abgelegt werden. Durch Erstellung einer DTD werden also eigene Sprachen erzeugt, die Partner durch Weitergabe der DTD „erlernen" können. Hierdurch werden keine Vereinbarungen von Austauschformaten zur Kommunikation zwischen Partnern mehr benötigt.[36]

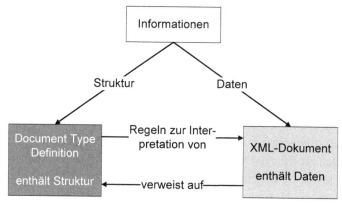

Abbildung 4.7: Erzeugung einer Sprache mit XML

Das eigentliche XML-Dokument, in welchem die Daten enthalten sind, enthält folglich einen Verweis auf die zugehörige DTD, in der Struktur und Inhalt des Dokuments beschrieben werden. Hierdurch kann jeder Browser neuerer Generati-

---

[34] Vgl. Müller, Günter / Eymann, Torsten / Kreutzer, Michael (2003) S. 266
Vgl. Bogaschewsky, Ronald / Kracke, Uwe (1999) S. 95
Vgl. Amor, Daniel (2001) S. 450
[35] Vgl. Bullinger, Hans-Jörg et al. (2002) S. 288-289
Vgl. Bogaschewsky, Ronald / Kracke, Uwe (1999) S. 96
Vgl. Hentrich, Johannes (2001) S.192-193
[36] Vgl. Müller, Günter / Eymann, Torsten / Kreutzer, Michael (2003) S. 269
Vgl. Tanenbaum, Andrew (2003) S. 695
Vgl. Bogaschewsky, Ronald / Kracke, Uwe (1999) S. 95

on XML-Dokumente darstellen: Der Parser des Browsers liest aus dem XML-Dokument die Adresse des erforderlichen DTD aus. Mit dieser DTD kann der Parser aus dem XML-Dokument ein HTML-Dokument erzeugen, welches der Browser dann dem Benutzer anzeigen kann.[37]

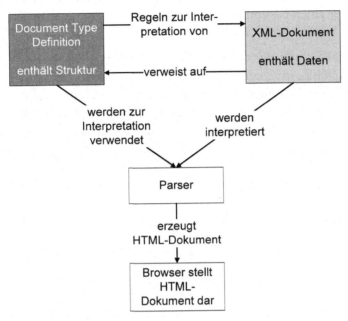

Abbildung 4.8: Darstellung eines XML-Dokuments

Durch Erstellung von entsprechenden Document Type Definitions sind für den B2B-Bereich Geschäftssprachen auf Basis von XML entwickelt worden. Diese können im Wesentlichen in Frameworks, Functions und Verticals unterteilt werden.[38]

– Frameworks: Ein Framework ist eine Infrastruktur zum Austausch von Nachrichten. Hier werden keine konkreten Nachrichtentypen vorgegeben, sondern die Infrastruktur bereitgestellt, um XML-Nachrichten austauschen zu können. Ein Beispiel für ein Framework ist das RosettaNet Implementation Framework.[39]

---

[37] Vgl. Müller, Günter / Eymann, Torsten / Kreutzer, Michael (2003) S. 271-273
[38] Vgl. Hentrich, Johannes (2001) S. 211-212
[39] Vgl. Kapitel 4.5.3

- Functions: Eine Function liefert Vorlagen für bestimmte Nachrichten, die im Rahmen von Geschäftsprozessen ausgetauscht werden. Die Partner Interface Processes des RosettaNet-Standards sind ein Beispiel für eine Function.[40]

- Verticals: Ein Vertical dient dem Austausch von Nachrichten für eine Branche oder einen bestimmten, beschränkten Anwendungsbereich. Ein Beispiel für ein Vertical ist der BMEcat-Standard.[41]

Diese Systematisierung der Geschäftssprache auf Basis von XML ist in sich stimmig und abgeschlossen. Jedoch werden im weiteren Verlauf dieser Arbeit noch weitere Verfahren betrachtet, die nicht auf XML basieren und nicht in diese Systematik eingeordnet werden können. Daher wird bei der folgenden Betrachtung der verschiedenen Standards eine eigene Einteilung der verschiedenen Verfahren verwendet.

---

[40] Vgl. Kapitel 4.5.3
[41] Vgl. Kapitel 4.4.1

4.2 Identifikationsstandards

Identifikationsstandards sind die Grundlage von Rationalisierung durch automatische Datenerfassung und Datenhaltung, da ohne die Möglichkeit, einen Artikel bzw. einen Lieferanten eindeutig zu erkennen, keine automatische Verarbeitung der zugehörigen Daten möglich ist.[42] Um einen Artikel oder ein Unternehmen zweifelsfrei erkennen zu können, wird jeweils eine eindeutige Nummer zugeordnet.[43] Diese Nummern sind nicht sprechend, das heißt, abgesehen von der eindeutigen Zuordnung zu einem Artikel oder Lieferanten tragen diese Nummern keine Information.[44] In der Praxis ist es allerdings möglich, durch Zuordnung eines Nummernraumes zu einem Unternehmen bzw. Bildung der Identifikationsnummer aus mehreren Komponenten den Artikel anhand seiner Identifikationsnummer seinem Hersteller zuzuordnen.[45]

Im Folgenden werden von den gängigsten Arten von Identifikationsstandards Beispiele betrachtet: Die gängigste Firmenidentifikationsnummer ist das Data Universal Numbering System von Dun & Bradstreet, die bekanntesten Produktidentifikationsstandards sind Universal Product Code und European Article Number. Der neueste unter den vorgestellten Standards ist der Electronic Product Code. Er ermöglicht, nicht nur jedem Produkttyp, sondern jedem konkreten Artikel eine Identifikationsnummer zuzuordnen.

4.2.1 Data Universal Numbering System

D-U-N-S steht für Data Universal Numbering System, ein 1962 von Dun & Bradstreet entwickeltes Nummernsystem zur eindeutigen Identifizierung von Unternehmen, das in diesem Bereich heute den führenden Standard darstellt. Von Dun & Bradstreet wird jedem registrierten Unternehmen eine eindeutige neunstellige Nummer zugeordnet.[46] Die Nummern werden von Dun & Bradstreet zufällig

---

[42]   Vgl. Hentrich, Johannes (2001) S. 84
       Vgl. Füßler, Andreas (2001) S. 90
[43]   Vgl. Kurbel, Karl (2005) S. 99
[44]   Vgl. Thome, Rainer (2006) S. 39
       Vgl. Füßler, Andreas (2001) S. 89
       Vgl. Granada Research (2001) S. 4
       Vgl. Kurbel, Karl (2005) S. 101
[45]   Vgl. Hentrich, Johannes (2001) S. 84
[46]   Vgl. Dun & Bradstreet Deutschland (2005) S. 2
       Vgl. Appelfeller, Wieland / Buchholz, Wolfgang (2005) S. 43

vergeben, enthalten jedoch eine Prüfziffer, um Verwechslungen auszuschließen. Die D-U-N-S-Nummer 31-541-1165 zum Beispiel wurde an die Metabowerke GmbH[47] vergeben.

4.2.2 Universal Product Code

Der Universal Product Code (UPC) ist ein 12-stelliger Code, der ursprünglich 1973 in den USA vom Uniform Code Council (UCC, heute GS1 US) eingeführt wurde, um einen einheitlichen Nummerncode für Produkte zu schaffen. Der Universal Product Code wird in der Regel über Barcodes eingesetzt. Die in Abbildung 4.9 gezeigte UPC Version A ist die 12-stellige Normalversion des Universal Product Code.

Abbildung 4.9: Universal Product Code Version A

Für spezielle Einsatzgebiete existieren weitere Versionen des Universal Product Code. UPC Version A setzt sich wie folgt zusammen:

Stelle	Angabe
1	Präfix-Code
2-6	Hersteller des Produktes
7-11	Artikelnummer vom Hersteller vergeben
12	Prüfziffer

Abbildung 4.10: Zusammensetzung des Universal Product Code

Der Universal Product Code wird heute hauptsächlich in den USA verwendet,[48] wird jedoch zunehmend von European Article Number und Electronic Product Code abgelöst.

---

[47] Vgl. Kapitel 6

4.2.3 European Article Number

Die European Article Number (EAN) wurde 1976 von EAN International als europäisches Pendant zum Universal Product Code entwickelt, sollte aber zu diesem kompatibel sein und enthält, wie in Abbildung 4.11 gezeigt, deshalb eine Ziffer mehr.[49]

Abbildung 4.11: European Article Number 13

Wie in Abbildung 4.9 und Abbildung 4.11 zu erkennen ist, lässt sich der Universal Product Code in der European Article Number abbilden.

Stelle	Angabe
1-2	Länderkennzeichen
3-7	Hersteller des Produktes
8-12	Artikelnummer vom Hersteller vergeben
13	Prüfziffer

Abbildung 4.12: Zusammensetzung der European Article Number

Um European Article Number und Universal Product Code zu vereinheitlichen, wurde der Universal Product Code auch offiziell in das EAN-System integriert.[50] Das neue System erhielt den Namen EAN UCC. Seit dem 1. Januar 2005 sind die EAN 13-Nummern auch in Nordamerika gültig.

---

[48] Vgl. Hentrich, Johannes (2001) S. 84
[49] Vgl. Finkenzeller, Klaus (2002) S. 3
Vgl. Thome, Rainer (2006) S. 41
[50] Vgl. Finkenzeller, Klaus (2002) S. 3

4.2.4 Electronic Product Code

Der Electronic Product Code (EPC) wurde von EPCglobal 2004 vorgestellt. Er wurde im Gegensatz zu Universal Product Code und European Article Number für den Einsatz von RFID-Systemen entwickelt.[51] Der Electronic Product Code ermöglicht nicht nur, den Typ eines Artikels eindeutig zu identifizieren, es kann darüber hinaus der konkrete Artikel von typgleichen Artikeln unterschieden werden. Hierzu wird nicht nur jedem Artikeltyp, sondern jedem einzelnen Artikel eine Identifikationsnummer zugewiesen. Indem jeder Artikel über eine eigene Nummer verfügt, wird entsprechend vor allem im Bereich Tracking und Tracing ein erheblich breiteres Spektrum an Anwendungen ermöglicht.

Entsprechend werden für eine vollständige Abdeckung aller Produkte deutlich mehr Stellen benötigt, um die erforderlichen Nummern vergeben zu können. Die Länge eines Electronic Product Code variiert zwischen minimal 64 Bit und maximal 204 Bit. Trotz der zahlreichen Stellen trägt der Electronic Product Code über die Identifikationsnummer hinaus keine weitere Information, das heißt, auch der Electronic Product Code ist ein reiner Identifikationsstandard.[52] Ein Electronic Product Code der Länge 96 Bit hat folgenden Aufbau, wobei die Länge einzelner Felder je nach Bedarf variiert werden kann:

Stelle	Angabe
1-8	Header
9-11	Filter = Sortierfunktion auf Objektebene
12-14	Partition = Länge der Unternehmenskennung
15-34	Unternehmenskennung
35-58	Objektkennung
59-96	Seriennummer

Abbildung 4.13: Zusammensetzung des Electronic Product Code[53]

---

[51] Vgl. EPCglobal Inc. (2004) S. 4-5
     Vgl. Kurbel, Karl (2005) S. 431
[52] Vgl. EPCglobal Inc. (2004) S. 9
[53] Vgl. Kurbel, Karl (2005) S. 431-432

4.3 Klassifikationsstandards

Werden beim Austausch von Produktdaten ausschließlich Identifikationsnummern eingesetzt, so stehen über die eindeutige Zuordnung von Identifikationsnummer und Artikel zueinander hinaus keine Informationen über den Artikel zur Verfügung. Häufig benötigte Anwendungen wie zum Beispiel der Vergleich von ähnlichen Artikeln oder die Suche anhand von anderen Schlüsseln als dem Primärschlüssel (der Identifikationsnummer) sind also nicht möglich.[54] Vorgänge, die sich auf Daten des Artikels beziehen, können also ohne eine externe Datenquelle nur mit Identifikationsnummern nicht automatisiert werden.[55]

Diese Anwendungen werden erst durch Klassifikation der Artikel möglich. Hierbei wird über Eigenschaften der Artikel eine Hierarchie aufgebaut, indem die Eigenschaften immer weiter spezifiziert und die Artikel anschließend in diese Hierarchie eingeordnet werden.[56] Diese Hierarchie ermöglicht eine Auswahl eines Artikels anhand seiner Eigenschaften durch sukzessive Einschränkung des Suchgebiets.[57] Artikel können anhand ihrer Positionen in der Hierarchie miteinander verglichen werden.[58] Insbesondere für die Beschaffung von Gütern über elektronische Marktplätze ist dies erforderlich, wenn keine genauen Kenntnisse über das benötigte Gut vorliegen.[59]

Jedem Artikel kann also eine Klassifikationsnummer zugeordnet werden, indem für jede Ebene der Hierarchie die entsprechende Zuordnungsnummer vergeben wird. Die von Klassifikationsstandards vergebenen Nummern sind also sprechend, das heißt, sie tragen über die Zuordnung des Artikels zu ihnen weitere Informationen.[60] Die Verwendung von Klassifikationsstandards kann die Verwendung von Identifikationsstandards allerdings nicht ersetzen. Beim beschriebenen Verfahren zur Klassifikation ist nicht garantiert, dass jedes Element der Hierarchie nur einmal besetzt ist. Die eindeutige Zuordnung eines Artikels zu einer Klassifikationsnum-

---

[54] Vgl. Granada Research (2001) S. 17
[55] Vgl. Granada Research (2001) S. 4
[56] Vgl. Appelfeller, Wieland / Buchholz, Wolfgang (2005) S. 28
      Vgl. Zentralverband Elektrotechnik- und Elektronikindustrie e.V. (2006) S. 7-8
[57] Vgl. Granada Research (2001) S. 8-9
[58] Vgl. Hentrich, Johannes (2001) S. 79
[59] Vgl. Bogaschewsky, Ronald (2002) S. 764
[60] Vgl. Kurbel, Karl (2005) S. 101

mer ist gewährleistet, umgekehrt allerdings können zu einer Klassifikationsnummer mehrere Artikel zugeordnet sein.[61]

Die aktuell am weitesten verbreiteten Standards sind die Universal Standard Products and Services Classification und der eCl@ss-Standard. Diese werden nachfolgend vorgestellt und verglichen.

4.3.1 Universal Standard Products and Srices Classification

Die Universal Standard Products and Services Classification (UN/SPSC) ist ein offener Standard zur Klassifikation von Produkten und Dienstleistungen, welcher 1998 von Dun & Bradstreet und der UNO entwickelt wurde.[62] Der UN/SPSC ist ein hierarchisches Kodierungssystem, d.h. im Gegensatz zu einer reinen Artikelnummer sind aus der zehnstelligen Nummer Rückschlüsse auf das Produkt möglich.[63] Er ist fünfstufig aufgebaut; wie in Abbildung 4.14 zu erkennen, sind jeder Stufe dabei zwei Ziffern zugeordnet.

Auf den Stufen 1-4 wird der Artikel in die einzelnen Ebenen eingeordnet. Die fünfte Ebene des UN/SPSC dient der Angabe der Geschäftsfunktion (z.B. Wiederverkauf) des Artikels.[64] Im folgenden Beispiel wird die Einordnung von Kugelschreiberminen für den Weiterverkauf (Klassifikationsnummer 44-12-19-03-14) im UN/SPSC dargestellt.

---

[61] Vgl. Kurbel, Karl (2005) S. 99
[62] Vgl. Granada Research (2001) S. 3
[63] Vgl. Appelfeller, Wieland / Buchholz, Wolfgang (2005) S.29
[63] Vgl. Nekolar, Alexander-Philip (2003) S. 68
[64] Vgl. Hentrich, Johannes (2001) S. 185

Hierarchieebene	Kategorienummer und -name
Segment	44 Büroausstattung
Familie	10 Büromaschinen 11 Schreibtischzubehör 12 Bürozubehör
Klasse	17 Schreibmaterial 18 Ausbesserungsmaterial 19 Tinte und andere Nachfüllungen
Produktgruppe	01 Tinte 02 Bleistiftminen 03 Kugelschreiberminen
Geschäftsfunktion	10 Leasing 14 Wiederverkauf

Abbildung 4.14: Aufbau des UN/SPSC[65]

Der zentrale Vorteil des UN/SPSC ist seine breite Fächerung und internationale Verbreitung.[66]

4.3.2 eCl@ss

eCl@ss ist ein deutscher Standard zur Klassifikation von Waren und Dienstleistungen. Analog zum UN/SPSC ist eCl@ss vierstufig hierarchisch aufgebaut, ebenfalls mit zwei Ziffern je Hierarchiestufe, so dass eine achtstellige Klassifikationsnummer entsteht.[67] Wie in Abbildung 4.15 zu erkennen ist, verwendet eCl@ss hierbei natürlich eine andere Einteilung, weswegen eCl@ss und UN/SPSC nicht direkt kompatibel sind. Die Kugelschreibermine aus dem vorigen Beispiel hat die eCl@ss-Nummer 24-24-06-01.

---

[65] Vgl. Granada Research (2001) S. 13
[66] Vgl. Appelfeller, Wieland / Buchholz, Wolfgang (2005) S.29
Vgl. Hentrich, Johannes (2001) S. 83
[67] Vgl. Appelfeller, Wieland / Buchholz, Wolfgang (2005) S. 29
Vgl. Bogaschewsky, Ronald (2002) S.765
Vgl. Hentrich, Johannes (2001) S. 180

Hierarchieebene	Kategorienummer und -name
Sachgebiet	23 Maschinenelement, Befestigungsmittel, Beschlag
	24 Büromaterial, Büroeinrichtung, Bürotechnik, Papeterie
Hauptgruppe	22 Arbeitsplatz-Zubehör (Büro)
	23 Klebematerial (Büro, Basteln)
	24 Schreibgerät, Spitzer, Radier- und Korrekturmittel
Gruppe	04 Feinminenstift (Zubehör)
	05 Kugelschreiber
	06 Kugelschreiber (Zubehör)
Untergruppe	01 Kugelschreibermine
Schlagworte	
	Gasdruckmine für Kugelschreiber, Großraummine für Kugelschreiber, Kugelschreiber-Gasdruckmine, Kugelschreiber-Großraummine, Kugelschreiber-Mine, Mine für Kugelschreiber

Abbildung 4.15: Aufbau von eCl@ss

eCl@ss bietet weiterhin ein aus 14000 Begriffen bestehendes Schlagwortregister. Den einzelnen Klassen werden diese Schlagworte zugeordnet, wodurch eine weitere Möglichkeit zum Auffinden eines Artikels entsteht, nämlich durch direkte Suche nach den gewünschten Schlagworten.[68]

Vorteile von eCl@ss sind die Strukturierungsmöglichkeiten von sowohl Produkten als auch Dienstleistungen, und dass Artikel auch ohne Navigation der Hierarchie auffindbar sind, sowie seine starke Stellung innerhalb Deutschlands.[69]

---

[68] Vgl. Nekolar, Alexander-Philip (2003) S. 68
Vgl. Hentrich, Johannes (2001) S. 83 und S. 180-183
[69] Vgl. Appelfeller, Wieland / Buchholz, Wolfgang (2005) S. 29

4.4 Datenstrukturstandards

Datenstrukturstandards oder auch Contentstandards geben vor, wie das Angebot an Produkten in einem elektronischen Katalog, der Content, strukturiert gehalten werden soll. Dies ist bei nur einem Anbieter eines elektronischen Katalogs relativ einfach: Es würde zur Übertragung des elektronischen Kataloges im Prinzip eine Datei mit Trennzeichen (File of Record) genügen. In diesem Fall wird einfach vereinbart, in welcher Reihenfolge die Artikeldaten in der Datei aufgelistet werden. Das Problem ist in diesem Fall, das erstens die so erfassten Artikel nur linear strukturiert sind, d.h. lediglich in eine Reihenfolge gebracht werden können, und zweitens komplexere Anforderungen, wie zum Beispiel flexible Preise oder die Darstellung komplementärer Beziehungen zwischen Artikeln, nur mit sehr großem Aufwand realisiert werden können.

Die heutigen Contentstandards basieren in der Regel auf dem XML-Format. XML bietet den Vorteil, dass jeder Browser neuerer Generation XML-Dokumente interpretieren kann und daher in der Regel keine zusätzliche Software erforderlich ist.[70] Durch Verwendung eines entsprechenden Standards kann das Content-Management[71] erheblich erleichtert werden.

Wichtig ist die Trennung zwischen offenen Standards, die allgemein zur Verfügung stehen, und proprietären Standards, die von einem einzelnen Unternehmen für das eigene Produkt entwickelt wurden und durch die Marktmacht des Unternehmens zu Bedeutung gelangt sind, da für die Nutzung eines proprietären Standards evtl. Lizenzgebühren oder der Erwerb des entsprechenden Produkts erforderlich werden.

Betrachtet werden im Folgenden die Katalogstandards BMEcat und eCatalog XML, die im Moment die führenden Standards in Deutschland darstellen.

4.4.1 BMEcat

Der BMEcat-Standard ist der Katalogstandard des Bundesverbands Materialwirtschaft, Einkauf und Logistik (BME). Er wurde auf Anregung des BME vom Fraunhofer IAO Stuttgart und der Universität Duisburg-Essen entwickelt und liegt aktuell in der Version 2005 vor. BMEcat ist ein offener, branchenneutraler Standard auf

---

[70] Vgl. Flicker, Alexandra / Höller, Johann (2001) S. 28
Vgl. Hentrich, Johannes (2001) S. 75
[71] Vgl. Kapitel 3.6

XML-Basis, der sich in Deutschland seit seiner Einführung 1999 weitgehend durchgesetzt hat. Durch die Verwendung von XML-Dokumenten für den Katalog können die lieferantenspezifischen BMEcat-Kataloge von jedem Unternehmen auch ohne vorherige Abstimmung der einzelnen Katalogelemente gelesen werden, was den Aufwand für die beteiligten Unternehmen erheblich reduziert. Ein BMEcat-Katalogdokument besteht aus zwei Elementen, dem Kopfbereich und dem Transaktionsbereich. Ein Katalogdokument muss keinen vollständigen Katalog enthalten, es können auch nur Teile eines Kataloges enthalten sein. [72]

Im Kopfbereich sind die allgemeinen Angaben zum Katalog und den beteiligten Partnern enthalten. Im Einzelnen sind dies:[73]

– Kataloginformationen: Sprache und Version des Katalogs

– Käufer: Adresse und Informationen zum einkaufenden Unternehmen

– Lieferant: Adresse und Informationen zum verkaufenden Unternehmen

– Rahmenvertrag: Wenn ein Rahmenvertrag besteht, können Kennung und Gültigkeit des Rahmenvertrags angegeben werden.

Der Transaktionsbereich enthält die eigentlichen Teile eines Kataloges, die mit diesem speziellen Katalogdokument übertragen werden. Es existieren drei vom BMEcat unterstützte Möglichkeiten:[74]

– Gesamtkatalog: Mit dem Gesamtkatalog wird ein kompletter Katalog mit allen Informationen übergeben.

– Update der Produktdaten: Bei einem Update bereits vorhandener Produktdaten werden nur die Daten der Artikel übertragen, bei denen Veränderungen aufgetreten sind.

– Update der Preise: Bei einem Preisupdate werden nur die aktualisierten Preise übertragen.

---

[72] Vgl. Schmitz, Volker / Leukel, Jörg / Kelkar, Oliver (2005) S. 7-8 und S. 20
Vgl. Hentrich, Johannes (2001) S. 72 und S. 217
Vgl. Nekolar, Alexander-Philip (2003) S. 71
[73] Vgl. Schmitz, Volker / Leukel, Jörg / Kelkar, Oliver (2005) S. 14
Vgl. Hentrich, Johannes (2001) S. 219-222
Vgl. Nekolar, Alexander-Philip (2003) S. 71
[74] Vgl. Schmitz, Volker / Leukel, Jörg / Kelkar, Oliver (2005) S. 13
Vgl. Hentrich, Johannes (2001) S. 219-222
Vgl. Nekolar, Alexander-Philip (2003) S. 71

Die eigentlichen Artikeldaten sind also im Transaktionsbereich enthalten. BMEcat ermöglicht die Einbindung fast aller Arten von Produktinformationen in den elektronischen Katalog, wie z.B. Grafiken, Videos, Zusatzdokumente, Links, usw. sowie die Einteilung der Artikel nach den Produktklassifikationen eCl@ss und UN/SPSC. In der neuesten Version des BMECat (Version 2005) wird darüber hinaus die Einbindung von externen Daten in den Katalog unterstützt. Weiterhin unterstützt BMEcat Produktvarianten, das heißt, es muss nicht für jede Variante desselben Produkts ein eigener Artikel im Katalog angelegt werden. BMEcat verfügt über ein umfassendes Preismodell, welches individuelle Rabattsätze und Diskontierungen ermöglicht.[75]

4.4.2 eCatalog XML

Das Katalogformat eCatalog XML (eCX) ist wie BMECat ein Format zum Austausch von Katalogstrukturen und Kataloginhalten, das, wie schon der Name aussagt, auf XML basiert. Im Gegensatz zu BMEcat ist eCatalog XML ein proprietäres Format, also im eigentlichen Sinne kein „offizieller" Standard, sondern an die Produkte der Firma Requisite Technologies gebunden. eCatalog XML wurde 1998 von Requisite Technologies entwickelt und liegt aktuell in der Version 3.6 offen vor.[76] Ein Katalog im eCatalog XML-Format besteht aus drei Elementen: Den administrativen Informationen, dem Katalogschema und den Katalogdaten.

Die administrativen Informationen enthalten folgende Elemente:[77]

- Name: Beschreibung des Katalogs

- Datum: Datum der Erstellung des Katalogs

- Quelle: Unternehmen, das den Katalog erstellt hat

- Autor: Autor des Katalogdokuments

- Titel: Titel des Katalogs

- Titellogo: Dem Katalog zugeordnete Grafik

- Art des Inhalts: Gibt an, welche Art von Produktdaten im Katalog enthalten ist (z.B. Produkte, Dienstleistungen, Personal)

---

[75] Vgl. Nekolar, Alexander-Philip (2003) S. 71-72
  Vgl. Hentrich, Johannes (2001) S. 222-240
[76] Vgl. Requisite Technology (2003) S. 1-3
  Vgl. Hentrich, Johannes (2001) S. 75
[77] Vgl. Requisite Technology (2003) S. 8-9

– Rahmenvertrag: Name und Bedingungen des zugrunde liegenden Rahmenvertrags

– Einkaufsorganisation: Informationen zum beschaffenden Unternehmen bzw. zur beschaffenden Organisationseinheit

Das Katalogschema, welches die Struktur des Katalogs vorgibt, setzt sich aus folgenden Elementen zusammen:[78]

– Kategorie: Kategorien von Elementen des Katalogs

– Attribut: Attribute, die die einzelnen Kategorien beschreiben

– Maßeinheiten: Informationen, die zur Umrechnung zwischen den im Katalog verwendeten Maßeinheiten erforderlich sind

– Navigation: Elemente, die der hierarchischen Einordnung dienen

– Metadaten: Metadaten können verwendet werden, um Elemente des Katalogs weiter zu beschreiben

Die eigentlichen Katalogdaten bestehen aus folgenden Elementen:[79]

– Element: Ein Element stellt einen Artikel des Katalogs dar.

– Matrix: Dient zur Darstellung verschiedener Optionen bei konfigurierbaren Produkten

– Erweiterung: Die Erweiterung eines Elements dient zur Bereitstellung von Applikationsspezifischen Zusatzdaten.

– Preis: Enthält das Preisschema für den Artikel

Es lässt sich also erkennen, dass die Funktionalitäten von eCatalog XML und BMEcat durchaus vergleichbar sind. Bei beiden Katalogen ist die zugrunde liegende Katalogstruktur nicht fest vorgegeben, sondern wird aus dem XML-Dokument dynamisch erzeugt. Besondere Anforderungen wie konfigurierbare Produkte, flexible Preismodelle sind mit beiden Standards möglich.

Katalogstandards, die nicht auf XML basieren, bieten diese Möglichkeiten nicht, da hier die entsprechenden Strukturen „hart verdrahtet" werden müssten. Daher finden im Bereich elektronischer Kataloge Nicht-XML-Standards kaum noch Ver-

---

[78] Vgl. Requisite Technology (2003) S. 10-17
[79] Vgl. Requisite Technology (2003) S. 23-34

wendung. Der auf ASCII basierende Standard Catalog Interchange Format (CIF) des Anbieters Ariba beispielsweise wurde durch den ebenfalls von Ariba entwickelten XML-basieten Standard Commerce XML (cXML) abgelöst.[80]

4.5 Datenübertragungsstandards

Datenübertragungsstandards dienen, wie in Abbildung 4.4 gezeigt, zur elektronischen Integration der Geschäftstransaktionen zwischen Unternehmen.

Die existierenden Arten von Datenübertragungsstandards können entlang von drei Achsen systematisiert werden, so dass eine Art magisches Dreieck entsteht. Diese Achsen sind Komplexität, Spezifität und Automatisierung. Ein optimaler Datenübertragungsstandard wäre möglichst einfach, universell einsetzbar und hoch automatisch. Diese Achsen sind aber gegenläufig, das heißt, es existiert bisher kein Standard, der in allen drei Bereichen optimal ist.

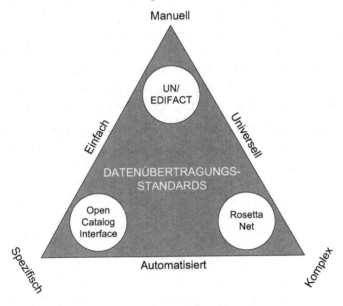

Abbildung 4.16: Arten von Datenübertragungsstandards

Wie Abbildung 4.16 zu entnehmen ist, wird für jeden Eckbereich des Dreiecks ein Standard als Beispiel vorgestellt. UN/EDIFACT ist innerhalb von Grenzen einfach

---

[80] Vgl. Hentrich, Johannes (2001) S. 70 und S. 75

und universell verwendbar, erfordert aber erhebliche manuelle Arbeiten zur Einrichtung einer Verbindung zwischen den Unternehmen. Open Catalog Interface ist einfach einzurichten und läuft automatisch ab, hat aber nur einen eingeschränkten Anwendungsbereich, nämlich die Anbindung von Katalogen an elektronische Bestellsysteme. RosettaNet kann Prozesse hoch automatisieren und deckt ein breites Feld ab, aber die Integration mit den Geschäftsprozessen des Unternehmens ist sehr komplex und aufwändig.

4.5.1 United Nations Electronic Data Interchange for Administration, Commerce and Trade

United Nations Electronic Data Interchange for Administration, Commerce and Trade (UN/EDIFACT) ist ein branchenübergreifender Datenstrukturstandard für den Datenaustausch über EDI.[81] Da UN/EDIFACT ein Strukturstandard ist, kann die Übertragung von Nachrichten über jedes beliebige Medium erfolgen.

UN/EDIFACT ist an sich ein branchenunabhängiger Standard. Durch die zunehmende Komplexität der auszutauschenden Nachrichten haben sich allerdings branchenspezifische Teilmengen des UN/EDIFACT-Standards durch Weglassen optionaler Bestandteile gebildet. Diese werden als Subsets bezeichnet. Beispiele hierfür sind EANCOM, das UN/EDIFACT Subset der Konsumgüterindustrie und das Odette File Transfer Protocol (OFTP), das Subset der Automobilindustrie.[82]

Elektronische Kommunikation mit UN/EDIFACT basiert auf dem Austausch von Nachrichten zu den einzelnen Geschäftsvorgängen. Eine UN/EDIFACT-Nachricht ist wie folgt aufgebaut:

---

[81] Vgl. Kapitel 4.1.2
[82] Vgl. Pfohl, Hans-Christian (2004) S. 95
     Vgl. Reindl, Martin / Oberniedermaier, Gerhard (2002) S. 204

Kurzzeichen	Bezeichnung	Optionen
UNA	Service String Advice	optional
UNB	Interchange Header	erforderlich
UNG	Functional Group Header	optional
UNH	Message Header	erforderlich
	User Data Segments	nach Bedarf
UNT	Message Trailer	erforderlich
UNE	Functional Group Trailer	optional
UNZ	Interchange Trailer	optional

Abbildung 4.17: Aufbau einer UN/EDIFACT-Nachricht

Der Aufbau der Nachrichten zu den Geschäftsvorgängen ist daher vorgegeben, jedoch müssen die einzelnen Elemente bzw. deren Bedeutung zwischen den Partnern manuell vereinbart werden, was den Aufbau einer Kommunikation mit UN/EDIFACT relativ teuer macht.

4.5.2 Open Catalog Interface

Das Open Catalog Interface (OCI) ist die Schnittstelle zum Import von Katalogdaten in das Einkaufssystem der Firma SAP. Das bedeutet, Open Catalog Interface ist das Bindeglied zwischen der Einkaufsapplikation mit den Katalogdaten, dem Browser des Bestellers und dem ERP-System des Unternehmens. Open Catalog Interface liegt in der Version 4.0 vor.

Das Open Catalog Interface dient dazu, auch nicht lokal, das heißt, im Intranet vorliegende Kataloge in ein SAP-System einbinden zu können. Das Open Catalog Interface setzt hierzu auf dem Hyper Text Transfer Protocol (HTTP) zur Übertragung seiner Daten auf.[83] Über das Open Catalog Interface werden nur die Daten der im Warenkorb enthaltenen Artikel und nicht der Warenkorb selbst übertragen. Informationen wie Name des Bestellers, Kostenstelle usw. werden separat per Remote Function Call (RFC) übertragen.

---

[83] Vgl. SAP AG (2003) S. 5

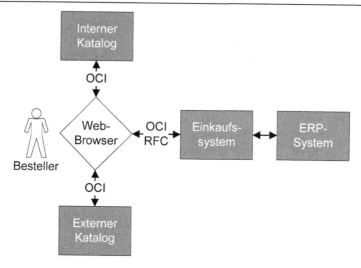

Abbildung 4.18: Open Catalog Interface[84]

Hieraus folgt, dass die Anforderungen an das Open Catalog Interface wesentlich geringer ausfallen als die Anforderungen an ein elektronisches Katalogformat, da das Open Catalog Interface später im Bestellprozess angesiedelt ist, wenn die konkreten Artikel bereits vom Besteller ausgewählt wurden und daher sämtliche artikelbezogenen Daten feststehen.

4.5.3 RosettaNet

Der RosettaNet-Standard ist ein Protokoll zur Kommunikation zwischen Unternehmen über standardisierte Prozesse. RosettaNet ist ein offener Standard, das für den Standard verantwortliche RosettaNet Consortium ist eine Non-Profit Organisation aus vielen einzelnen Unternehmen. Die Zielsetzung des RosettaNet Konsortiums ist dabei, einen allgemein gültigen Standard für E-Business zu etablieren. RosettaNet ist explizit als Ersatz für EDI gedacht.[85]

RosettaNet ist ein XML-Framework, das nicht nur das Format der auszutauschenden Nachrichten vorgibt, sondern auch die zugehörigen Geschäftsprozesse vordefiniert. Der RosettaNet Standard setzt sich aus drei Elementen zusammen: [86]

---

[84] Vgl. SAP AG (2003) S. 5
[85] Vgl. Nekolar, Alexander-Philip (2003) S. 120
Vgl. RosettaNet (2002) S. 1-2
[86] Vgl. Hentrich, Johannes (2001) S. 74

– RosettaNet Dictionary: Ein Lexikon zur Standardisierung der verwendeten Begrifflichkeiten

– RosettaNet Implementation Framework (RNIF): Das eigentliche Framework zur Standardisierung des Nachrichtentransports

– RosettaNet Partner Interface Processes (PIP): Vordefinierte Prozesse zur Standardisierung der einzelnen ausgetauschten Nachrichten

Die Position der einzelnen Elemente ist in Abbildung 4.19 dargestellt.

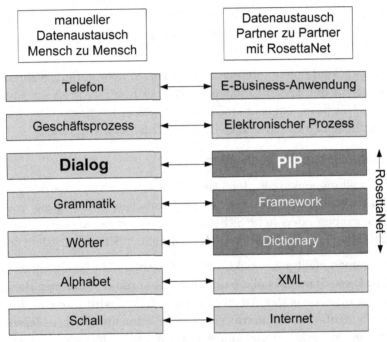

Abbildung 4.19: Elemente von RosettaNet[87]

RosettaNet unterteilt die Geschäftsprozesse der einzelnen Unternehmen in öffentliche und private Prozesse. Öffentliche Prozesse dienen zur Verbindung von Unternehmen, während private Prozess unternehmensintern ablaufen. Partner Inter-

---

[87] Vgl. Nekolar, Alexander-Philip (2003) S. 120

face Prozesse von RosettaNet sind öffentliche Prozesse.[88] Eine Integration von zwei Unternehmen mit RosettaNet sieht also wie folgt aus:

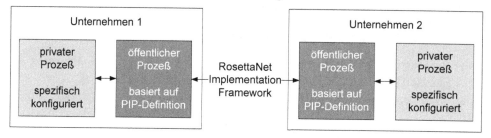

Abbildung 4.20: öffentliche und private Prozesse[89]

Private Prozesse sind dabei unternehmensspezifisch konfiguriert, während öffentliche Prozesse auf den Spezifikationen für Partner Interface Prozesse von Rosetta-Net basieren. Hierdurch entsteht eine Schnittstelle zur Integration der spezifischen Prozesse der einzelnen Unternehmen über die Unternehmensgrenzen.

4.5.4 Secure Electronic Transaction

Eine Sonderstellung innerhalb der Datenübertragungsstandards nehmen die Finanztransaktionsstandards ein. Bei der elektronischen Übertragung von Finanzmitteln bestehen besonders hohe Sicherheitsanforderungen, da bei versehentlichen oder absichtlichen Fehltransaktionen sofort monetärer Schaden entsteht.[90]

Genau genommen stellt jedes elektronische Bezahlsystem bereits einen Standard für sich dar. Diese Standards alle zu betrachten würde den Rahmen dieser Arbeit sprengen und den Fokus der Arbeit verlassen. Daher wird nur von den für den B2B-Bereich wesentlichen Standards ein Beispiel betrachtet. Hieraus lassen sich die Problemstellungen und Zielsetzungen im Bereich der elektronischen B2B-Finanztransaktionen aufzeigen.

Im B2B-Bereich ist eine möglichst einfache beziehungsweise automatische Abwicklung von Finanztransaktionen vor allem bei relativ geringen Beträgen und mit Partnern, mit denen keine regulären Geschäftsbeziehungen bestehen (z.B. Hotels, Fluggesellschaften, Buchhändler), interessant, während Transaktionen mit großen Geldbeträgen auf Grund des großen Schadens bei Fehlern in der Regel manuell

---

[88] Vgl. RosettaNet (2002) S. 3
[89] Vgl. RosettaNet (2002) S. 3
[90] Vgl. Böhle, Knud (2002) S. 52

abgewickelt werden. Am weitesten verbreitet sind elektronische Finanztransaktionen mit Firmenkreditkarten.[91] Da bei Einsatz von Kreditkarten für elektronische Transaktionen die Kreditkartendaten angegeben werden müssen, ist der Einsatz ohne weitere Maßnahmen sehr risikoreich.[92]

Ein erster Schritt ist die Absicherung von Kreditkartenzahlungen durch verschlüsselte Übertragung.[93] Dieses Verfahren verhindert den Zugriff Dritter auf die Kreditkartendaten während der Übertragung, jedoch ist die Sicherheit der Daten nach der Übertragung beim Lieferanten nicht mehr gewährleistet. Insbesondere bei nur eingeschränkt vertrauenswürdigen Lieferanten stellt dies ein Problem dar.[94]

Das Problem des Missbrauchs elektronisch übertragener Kreditkartendaten kann durch den Einsatz digitaler Signaturen verhindert werden. [95] Dieses Verfahren wird Secure Electronic Transaction (SET) genannt. Hierbei erfolgt nach wie vor eine herkömmliche Kreditkartenzahlung, aber die Authentizität der Beteiligten wird sichergestellt und ein Missbrauch der übertragenen Daten verhindert, was die bisherigen Probleme beim Einsatz von Kreditkarten beseitigt. [96] Der Ablauf einer SET-Transaktion wird in Abbildung 4.21 veranschaulicht:

---

[91] Vgl. Schürer, Tilo (2002) S. 206
   Vgl. Böhle, Knud (2002) S. 51
[92] Vgl. Schürer, Tilo (2002) S. 208-213
[93] Vgl. Kapitel 3.3.2
[94] Vgl. Schürer, Tilo (2002) S. 214
[95] Vgl. Kapitel 3.3.3
[96] Vgl. Wirtz, Bernd (2001) S. 620
   Vgl. Amor, Daniel (2001) S. 646-647

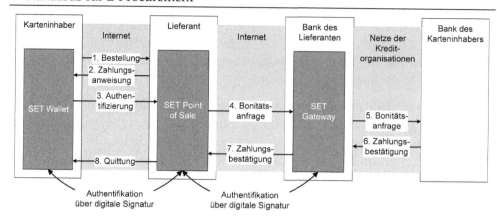

Abbildung 4.21: Ablauf Secure Electronic Transaction[97]

Im ersten Schritt übergibt der Karteninhaber seine Bestellungsdaten mit Zahlungs-art SET über Internet an den Lieferanten. Der Lieferant erteilt über seinen SET Point of Sale eine Zahlungsanweisung an das SET Wallet des Karteninhabers. Der Karteninhaber authentifiziert sich über sein SET Wallet beim Lieferanten, der die Bonität des Karteninhabers über seine Bank überprüft. Wird die Zahlung von der Bank des Karteninhabers bestätigt, stellt der Lieferant dem Kunden eine Quittung aus.[98]

Es kann festgestellt werden, dass Zahlungen über SET sehr sicher sind, das Verfah-ren aber erhebliche Komplexität mit sich bringt. Hauptsächlicher Nachteil des SET-Verfahrens ist, dass für das SET Wallet zusätzliche Software auf dem Rechner des Karteninhabers installiert werden muss.[99]

---

[97] Vgl. Schürer, Tilo (2002) S. 216
Vgl. Bullinger, Hans-Jörg et al. (2002) S. 312
[98] Vgl. Schürer, Tilo (2002) S. 215-216
Vgl. Bullinger, Hans-Jörg et al. (2002) S. 311-312
[99] Vgl. Schürer, Tilo (2002) S. 219 und S. 231

5 Betrachtung ausgewählter Anbieter

In diesem Kapitel wird ein Überblick über die verschiedenen Arten der am Markt angebotenen Lösungen gegeben, indem Beispiele vorgestellt werden. Zur Auswahl dieser Beispiele wurde der Markt für E-Procurement-Lösungen anhand von geeigneten Kriterien[1] segmentiert. Das grundsätzliche Kriterium zur Unterteilung der E-Procurement-Systeme ist die Einteilung in E-Ordering und E-Sourcing, da die Anbieter am Markt sich analog zur theoretischen Unterteilung in entsprechende Kategorien einteilen lassen. Die Anbieter im E-Ordering-Bereich wurden weiter anhand der Katalogverantwortlichkeit eingeteilt, die Anbieter im E-Sourcing-Bereich wurden anhand der Ausrichtung der Plattform unterteilt.

Aus jedem Segment wurde anschließend ein Anbieter ausgewählt. Die in Abbildung 5.1 gezeigte Auswahl erhebt folglich in keiner Weise Anspruch auf Vollständigkeit; es wurde aber versucht, möglichst repräsentative Beispiele auszuwählen. Die Auswahl ist aus praktischen Gründen auf den deutschsprachigen Raum beschränkt worden, um möglichst aktuelle Informationen aus erster Hand, das heißt durch direkten Kontakt mit den Unternehmen, beziehen zu können.

E-Ordering-Anbieter	
prozessorientierte Lösung	Healy Hudson GmbH
contentorientierte Lösung	Heiler Software AG
katalogbasierter Marktplatz	Mercateo AG
E-Sourcing-Anbieter	
horizontale Plattform	Portum AG
vertikale Plattform	Sourcing Parts SA

Abbildung 5.1: Übersicht über die vorgestellten Anbieter

5.1 E-Ordering-Anbieter

E-Ordering-Systeme können, wie bereits beschrieben, anhand der Katalogverantwortlichkeit eingeteilt werden. Diese Einteilung enthält Lösungen auf Verkäuferseite, Käuferseite und katalogbasierte Marktplätze.[2]

---

[1] Vgl. Kapitel 2.2
[2] Vgl. Kapitel 2.2.2

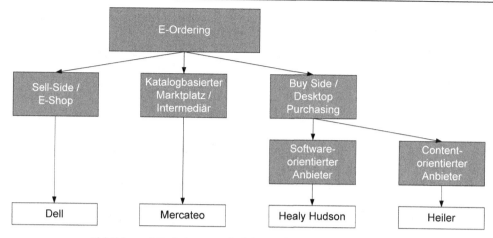

Abbildung 5.2: Arten von Anbietern im E-Ordering-Bereich

Das prominenteste Beispiel im Bereich verkäuferseitiger Lösungen[3] ist der Online-Verkauf des Computerherstellers Dell.[4] Auf die detaillierte Vorstellung einer verkäuferseitigen Lösung wird in diesem Kapitel aber verzichtet, da die Anbieter in diesem Bereich eher vertriebsseitig als einkaufsseitig von Interesse sind. Hier wird aus Sicht des elektronisch einkaufenden Unternehmens nur das Produkt, aber nicht das System zur elektronischen Beschaffung gekauft.

Bei Lösungen auf Käuferseite[5] können, wie Abbildung 5.2 zeigt, zwei Komponenten von externen Anbietern zugekauft werden: Der Content, also die nach Bedarf des einkaufenden Unternehmens aufbereiteten Katalogdaten der Lieferanten und die Software, genauer das elektronische System, über das die Bestellungen abgewickelt werden.

Die Anbieter können entsprechend in contentorientierte und softwareorientierte Anbieter unterteilt werden. Am Content orientiert heißt, dass der Fokus der angebotenen Lösung auf der optimalen Erstellung, Verwaltung und Verwendung des Content liegt. Softwareorientiert bedeutet, dass das Ziel der Lösung die Bereitstellung von optimaler Unterstützung und Automatisierung des Beschaffungsprozesses durch die angebotene Software ist. Diese Unterscheidung lässt sich am Produktportfolio der Anbieter festmachen: Contentorientierte Anbieter bieten als

---

[3] Vgl. Kapitel 2.2.2.1
[4] Dell Inc. (www.dell.com)
[5] Vgl. Kapitel 2.2.2.2

nächsten logischen Schritt eine Lösung zum Product Information Management (PIM) an (zum Beispiel Heiler[6] und JCatalog[7]), softwareorientierte Anbieter stellen in der Regel auch Software für den strategischen Einkauf zur Verfügung (zum Beispiel Healy Hudson[8] und Onventis[9]).

Die dritte Variante stellen katalogbasierte Marktplätze dar.[10] Diese sind grundsätzlich am Content orientiert, da ihr Geschäftsmodell darauf basiert, durch das Zusammenführen des Contents vieler Lieferanten auf einer Plattform das Auffinden der benötigten Artikel möglichst einfach zu gestalten. Die Besonderheit dieser Anbieter ist, dass sie Intermediäre darstellen, also neutrale Dritte sind.

5.1.1 Healy Hudson GmbH

Als softwareorientierter E-Ordering-Anbieter wird die Healy Hudson GmbH vorgestellt. Die Healy Hudson GmbH ist ein durch Fusion der Unternehmen Healy Hudson Software AG und CaContent GmbH entstandener Full-Service Anbieter mit umfassendem Produktportfolio. Das Unternehmen hat seinen Hauptsitz in Mainz-Kastel und beschäftigt ca. 45 Mitarbeiter.

Die Software der Healy Hudson GmbH ist so konzipiert, dass der gesamte Beschaffungsprozess elektronisch abgebildet werden kann. Die Software besteht aus einzelnen Modulen, die sowohl miteinander verknüpft, als auch einzeln eingesetzt werden können. Die einzelnen Elemente sind teilweise in zwei Skalierungen vorhanden, so dass Lösungen je nach Bedarf in verschiedenem Umfang und auf verschiedene Unternehmensgrößen zugeschnitten verfügbar sind. Das Angebot der Healy Hudson GmbH an Software und Dienstleistungen kann in acht Bereiche eingeteilt werden:

---

[6] Heiler Software AG (www.heiler.de)
[7] JCatalog Software AG (www.jcatalog.de)
[8] Healy Hudson GmbH (www.healyhudson.de)
[9] Onventis GmbH (www.onventis.de)
[10] Vgl. Kapitel 2.2.2.3

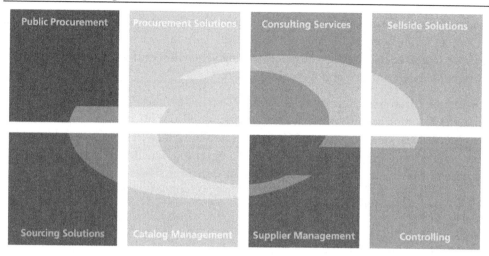

Abbildung 5.3: Bereiche des Healy Hudson-Produktportfolios[11]

– Public Procurement: Der Bereich Public Procurement setzt sich aus Elementen zusammen, die für die besonderen Anforderungen von Beschaffungsvorgängen öffentlicher Institutionen konzipiert sind.

– Procurement Solutions: Module zur Suche in elektronischen Katalogen, zur Zusammenstellung eines Warenkorbes und Abwicklung der daraus entstehenden Bestellung.

– Consulting Services: Beratung bei der Einführung der E-Procurement-Lösung, für die Einführung der Software und Anpassung der Prozesse

– Sellside Solutions: E-Sales-Modul für die Vertriebsseite.

– Sourcing Solutions: Das Element Sourcing Solutions enthält die Module zur Unterstützung der strategischen Beschaffung durch elektronische Ausschreibungen und Auktionen.

– Catalog Management: Das zum Catalog Management gehörende Staging-System ist ein Modul zum Import von elektronischen Katalogen, die von Lieferanten zur Verfügung gestellt werden. Eine direkte Anbindung zu den Lieferanten ist dabei vorgesehen.

---

[11] Healy Hudson GmbH

- Supplier Management: Supplier Management dient zur Verwaltung und Bewertung der Lieferantenbeziehungen des Unternehmens in einer Lieferantendatenbank.

- Controlling: Module für das Controlling dienen zur Analyse und Auswertung der elektronisch ablaufenden Transaktionen.

Ein Vorteil der Lösung der Healy Hudson GmbH ist, dass die Lösung jeden Schritt des Beschaffungsprozesses unterstützen kann und für verschiedene Unternehmensgrößen entsprechende Elemente vorhanden sind. Folglich wird der Ausbau eines einmal existierenden Systems sehr vereinfacht.

Eine typische Lösung mit den Kernmodulen ist wie folgt aufgebaut:

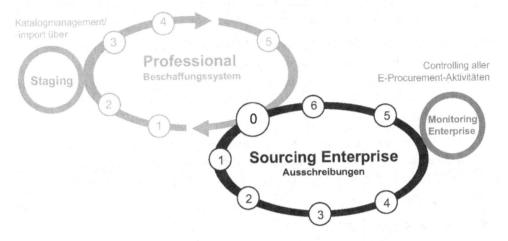

Abbildung 5.4: Integration der einzelnen Module[12]

Über das Staging-Modul werden elektronische Kataloge von Lieferanten in das Beschaffungssystem importiert. Das Professional-Modul bietet die Oberfläche, über die der Bedarf erfasst und die elektronischen Kataloge navigiert werden können. Aus den Katalogen wird in diesem Modul ein Warenkorb zusammengestellt und an die Lieferanten abgeschickt. Sollte der Bedarf nicht über die im Professional-Modul hinterlegten Kataloge und Lieferanten abzuwickeln sein, wird der Bedarf an das integrierte Sourcing Enterprise-Modul weitergeleitet, um eine elektronische Ausschreibung zu starten. Das Ergebnis der Ausschreibung kann anschlie-

---

[12] Healy Hudson GmbH

ßend als neu verhandelter Katalog / Rahmenvertrag oder als Einzelartikel in das Professional-Modul übernommen werden. Bestellungen werden aus dem Professional-Modul generiert und im Hintergrund als Bestellung im ERP-System automatisch angelegt.

Neben Artikeln aus elektronischen Katalogen können auch über Sourcing Enterprise im ERP-System generierte Bestellanforderungen ausgeschrieben werden. Nach Abschluss der Ausschreibung können über die integrierte Auktionskomponente weitere Verhandlungsrunden abgewickelt werden. Das Ergebnis der Ausschreibung bzw. Auktion wird an das ERP-System übergeben und wird darüber als Bestellung an den Lieferanten gesendet, der den Zuschlag erhalten hat. Sämtliche Beschaffungsvorgänge aus dem Katalog- und dem ERP-System können im Monitoring Enterprise-Modul ausgewertet werden, so dass die Ergebnisse der Beschaffungsvorgänge transparent werden.

Die Healy Hudson GmbH ist hier als Anbieter in E-Ordering-Bereich vorgestellt worden, jedoch ist das Portfolio, wie gezeigt wurde, in den Bereich E-Sourcing weiterentwickelt worden. Als Resultat ist es möglich, wie Abbildung X zeigt, in der Lösung der Healy Hudson GmbH strategische und operative Beschaffung direkt zu integrieren.

Weiterhin ist zu beachten, dass von der Healy Hudson GmbH als softwareorientiertem Anbieter im Element Catalog Management zwar die für Content Management erforderliche Software angeboten wird, die Abwicklung als solche jedoch nicht zum Angebot gehört.

5.1.2 Heiler Software AG

Als Beispiel eines am Content orientierten Anbieters wird hier die Heiler Software AG vorgestellt. Das 1987 gegründete Unternehmen hat seinen Hauptsitz in Stuttgart und beschäftigt ca. 100 Mitarbeiter. Mit 270 Unternehmenskunden macht die Heiler Software AG jährlich 12 Mio. € Umsatz. Nach eigenem Verständnis stellt Heiler Standard-Software für E-Procurement und Produktinformationsmanagement her. Das Portfolio der Heiler Software AG setzt sich entsprechend aus folgenden Elementen zusammen:

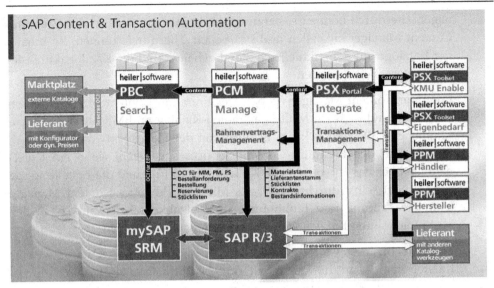

Abbildung 5.5: Portfolio der Heiler Software AG[13]

– Premium Product Manager (PPM) Mit dem Premium Product Manager werden Produktinformationen erstellt, gesammelt und verwaltet, um daraus einen Papierkatalog oder einen elektronischen Katalog zu erstellen. Das gesamte Management der Produktinformationen eines Unternehmens kann in diesem Modul erfolgen.

In den Premium Product Manager eingebundene Elemente sind der Premium Media Manager (PMM) und der Print Media Publisher (PMP) Der Premium Media Manager (PMM) ist ein Modul zum Media Asset Management, das heißt zur Verwaltung von Mediendaten, die den Produktinformationen zugeordnet werden. Er basiert auf dem OPAS-G System der OKS Software, die von der Heiler Software AG aufgekauft wurde.

Über den Print Media Publisher erfolgt die Erstellung gedruckter Kataloge. In diesem Modul wird aus den im Premium Product Manager verwalteten Produktdaten eine druckfähige Vorlage erstellt.

– Premium Supplier Exchange (PSX) Die Premium Supplier Exchange ist eine Schnittstelle zur Anbindung von Lieferanten an den Premium Content Ma-

---

13 Heiler Software AG

nager. Hierdurch können Lieferanten direkt ihre Kataloge in den Premium Content Manager einstellen und bearbeiten. Hierdurch können die Inhalte der Kataloge auf dem aktuellsten Stand gehalten und die Katalogaktualisierung automatisiert werden.

– Premium Content Manager (PCM): Der Premium Content Manager ist ein Werkzeug, mit dem ein Multi-Lieferanten-Katalog im BMECat-Format[14] zusammengestellt werden kann. Er wird von der Heiler Software AG als Alternative zu den Premium Content Services angeboten, wenn ein Unternehmen über das entsprechende Know-How verfügt und die Erstellung seines Content selbst durchführen will. Mit dem Premium Content Manager kann die Prüfung und Einbindung eines elektronischen Katalogs in den Multi-Lieferanten-Katalog weitgehend automatisiert werden.

– Premium Business Catalog (PBC): Der Premium Business Catalog ist eine Katalog-Engine, mit der der Inhalt eines Multi-Lieferanten-Katalogs durchsucht und ein Warenkorb zusammengestellt werden kann. Dieser wird im OCI-Format[15] weitergegeben. Von Heiler wird kein weiteres Modul für die Bestellabwicklung angeboten, das heißt es ist eine Anbindung mit dem Warenkorb an das Back-End-System vorgesehen. Der PBC ist für die Anbindung an ein ERP-System von SAP, genauer an das Enterprise Buyer Modul, vorgesehen, jedoch ist auch die Anbindung an ein anderes Back-End-System möglich.

– Premium Content Services (PCS): Die Heiler Software AG bietet zusätzlich zu ihrer Softwarelösung Content Management auch als Dienstleistung an. Dabei übergeben die jeweiligen Lieferanten ihre individuellen Kataloge der Heiler Software AG, diese werden von der Heiler Software AG in das BMECat-Format übertragen und über den Premium Business Catalog genutzt. Zur Erstellung des Multi-Lieferanten-Katalogs wird von der Heiler Software AG intern ebenfalls das Modul Premium Content Manager genutzt.

Wie ihrem Portfolio entnommen werden kann, ist die Heiler Software AG contentorientiert ausgerichtet. Der Vorteil hierbei ist, dass Content-Management zum Kerngeschäft der Heiler Software AG gehört und deshalb entsprechend viel Know-How im Contentbereich vorhanden ist.

---

[14] Vgl. Kapitel 4.4.1
[15] Vgl. Kapitel 4.5.2

5.1.3 Mercateo AG

Der bekannteste katalogbasierte Marktplatz für Geschäftskunden in Deutschland ist die von der Mercateo AG betriebene Plattform gleichen Namens. Sie soll hier als Beispiel betrachtet werden. Die Mercateo AG wurde 1999 gegründet und hat ihren Hauptsitz in München. Im Jahr 2005 wurden von der Mercateo AG 13,6 Mio € Umsatz erzielt; das Unternehmen beschäftigt derzeit 100 Mitarbeiter.

Zielgruppe der Mercateo AG sind Unternehmen, die ihren C-Artikel-Bedarf elektronisch abwickeln wollen, ohne in eine eigene Beschaffungslösung zu investieren. Mercateo ist somit ein reiner B2B-Marktplatz, Privatkunden gehören nicht zur Zielgruppe. Der Marktplatz umfasst ca. 260.000 einkaufende und 220 verkaufende Unternehmen mit insgesamt ca. 2 Mio. Aufrufen im Monat.

Abbildung 5.6: Position von Mercateo als Intermediär[16]

Die Plattform Mercateo basiert auf einem Multi-Lieferanten Katalog, der sich aus den Artikeln von ca. 9.000 Herstellern zusammensetzt. Insgesamt enthält der Multi-Lieferanten-Katalog von Mercateo ca. 2,5 Mio. Artikel. Der Schwerpunkt des Angebotes von Mercateo liegt auf C-Artikeln, wie z. B. Büro-, IT- und Betriebsausstattung. Eine Unterteilung des Sortiments in 19 Kategorien erleichtert die Suche und Navigation im Katalog.

Die Haltung der Produktdaten in einem zentralen Katalog ermöglicht den einfachen Vergleich von Produkten und Preisen durch die Benutzer.[17] Dies wird durch das von der Mercateo AG entwickelte Werkzeug zur Warenkorboptimierung Best Basket weitgehend automatisiert. Hierbei wird der Warenkorb nach einem vom Nutzer gewählten Zielkriterium (Gesamtpreis, Lieferzeit oder Anzahl Lieferanten) optimiert, indem die für das jeweilige Kriterium am besten geeigneten Lieferanten

---

[16] Mercateo AG
[17] Vgl. Kapitel 2.2.2.3

ausgewählt werden. Die im Warenkorb enthaltenen Produkte werden dafür nach Artikeln durchsucht, die von mehreren Lieferanten, in der Regel zu unterschiedlichen Konditionen, angeboten werden.

Besonders zu beachten ist, dass die Mercateo AG nicht nur als Intermediär für die elektronische Transaktion fungiert, sondern ein echter Händler ist, das heißt, das Eigentum an den über Mercateo gehandelten Waren sowie die Rechnungsstellung übernimmt. Die Mercateo AG verfügt allerdings nicht über eigene Bestände, sondern wickelt die Auslieferung über die Logistikkanäle der Lieferanten ab. Die Mercateo AG kann somit als einziger Partner gegenüber ihren Kunden auftreten, was den Kunden zusätzliche Sicherheiten bietet.

5.2 E-Sourcing-Anbieter

Ein Großteil der zurzeit angebotenen Lösungen im Bereich E-Sourcing basiert auf der Einrichtung von Plattformen für den elektronischen Handel. In Kapitel 2 wurden bereits Kriterien angegeben, um diese Plattformen zu systematisieren:[18]

- Ausrichtung: Über die Zielgruppe, für die diese Plattformen eingerichtet werden, lassen sich die einzelnen Anbieter in drei Gruppen einteilen: Horizontale, vertikale und regionale Plattformen. Die regionalen Plattformen machen hierbei den kleinsten Anteil aus, darüber hinaus sind sie stark an den Besonderheiten der einzelnen Regionen ausgerichtet, weswegen diese Ausprägung vernachlässigt werden kann.

- Orientierung: Eine Plattform kann sich vordergründig an den Bedürfnissen von Einkaufs- oder Verkaufsseite orientieren, oder als neutrale dritte Partei auftreten. Da die externen Anbieter Dritte darstellen, sind die hier vorgestellten Anbieter als Intermediäre zu betrachten. Dies ist für ein Zustandekommen von Transaktionen über die Plattform eines externen Anbieters zwingend erforderlich, da sonst die Teilnehmer der benachteiligten Seite ausbleiben.

- Zugang: Der Zugang zu einer Plattform kann entweder offen oder beschränkt sein. In der Regel ist bei allen Plattformen der Zugang auf registrierte Benutzer beschränkt. Diese Beschränkung ist nur begrenzt wirksam, da in der Praxis die Möglichkeiten der Anbieter, die Angaben der Benutzer zu prüfen, begrenzt sind.

Von diesen Kriterien kann also die Ausrichtung zur Betrachtung von Anbietern verwendet werden, die übrigen beiden sind bei externen, das heißt nicht Einkaufs- oder Verkaufsseite zuzuordnenden Anbietern, nicht geeignet. Zur Betrachtung dieser Anbieter müssen daher weitere Kriterien gefunden werden, um Anbieter beurteilen zu können. Diese Beurteilung soll keine qualitative Aussage treffen, sondern die Arbeits- und Funktionsweise der Lösung des Anbieters transparent machen. Hierzu können die in Abbildung 5.7 gezeigten Kriterien verwendet werden.

---

[18] Vgl. Kapitel 2.2.3

Ausrichtung	
horizontal	vertikal
Datenhaltung	
zental	dezentral
Zielorientierung	
preisorientiert	prozessorientiert
Schwerpunkt	
softwareorientiert	beratungsorientiert

Abbildung 5.7:   Kriterien zur Betrachtung der E-Sourcing-Anbieter

– Ausrichtung: Über die Zielgruppe, für die diese Plattformen eingerichtet werden, lassen sich die einzelnen Anbieter in zwei Gruppen einteilen: Horizontale Plattformen, die branchenübergreifend arbeiten, und vertikale Plattformen, die an einer bestimmten Branche orientiert sind.

– Datenhaltung: Eine unverzichtbare Komponente einer E-Sorcing-Lösung sind die Daten der Lieferanten, mit denen über die Plattform Kontakt aufgenommen wird. E-Sourcing-Lösungen lassen sich anhand der Verwaltung der Lieferanten einteilen in zentrale und dezentrale Lösungen. Bei zentralen Lösungen werden die Lieferantendaten in einer zentralen, allen Einkäufern zugänglichen Datenbank gespeichert und in der Regel auch zentral gepflegt. In einer dezentralen Lösung existiert keine solche Datenbank, jedes einkaufende Unternehmen verwaltet seine Lieferanten separat und pflegt die Daten auch selbst.

– Zielorientierung: Bei der Erstellung einer E-Sourcing-Lösung kann ein Anbieter sich an verschiedenen Anforderungen[19] seiner Zielgruppe orientieren. Die häufigsten Ziele sind: Minimierung der Einstandspreise oder Optimierung der strategischen Beschaffungsprozesse. Hierbei entstehen natürlich Überschneidungen, da die Einstandspreise wesentlich von der Qualität der Beschaffungsprozesse beeinflusst werden, aber eine Fokussierung ist in der Regel erkennbar.

– Schwerpunkt: Weiterhin lässt sich das Angebot der einzelnen Anbieter im E-Sourcing-Bereich in softwareorientierte und beratungsorientierte Anbieter unterteilen. Beratungsorientierte Anbieter legen den Schwerpunkt ihrer An-

---

[19] Vgl. Kapitel 3

gebote zusätzlich zu der angebotenen Software auf die Bereitstellung von entsprechendem Know-How bei der Einführung und Anwendung der Software, während softwareorientierte Anbieter ihren Schwerpunkt auf die Entwicklung optimaler Software legen.

Die vorgestellten Beispiele wurden entlang der Ausrichtung der Anbieter ausgewählt, da dieses Kriterium in der Praxis relativ eindeutig und trennscharf ist. Bei den übrigen Kriterien existieren auch Mischformen, so dass eher Tendenzen aufgezeigt als absolute Angaben gemacht werden können. Beispielsweise lassen sich mit der Lösung eines prozessorientierten Anbieters sehr wohl auch Einsparungen an den Einstandspreisen erzielen, jedoch wird dieses Ziel vom Anbieter als sekundär eingestuft.

Vorgestellt werden als Anbieter einer horizontalen Lösung die Portum AG und als Anbieter einer vertikalen Lösung die Sourcing Parts SA. Die Lösungen dieser Anbieter sind, was die vorgestellten Kriterien betrifft, weitgehend komplementär. Dies muss jedoch bei horizontalen oder vertikalen Plattformen nicht so sein, vielmehr ist die Ausrichtung der Unternehmen bei den einzelnen Kriterien relativ unabhängig.

	Portum AG	Sourcing Parts SA
Ausrichtung	horizontal	vertikal
Datenhaltung	dezentral	zentral
Zielorientierung	preisorientiert	prozessorientiert
Schwerpunkt	beratungsorientiert	softwareorientiert

Abbildung 5.8: Vergleich der vorgestellten E-Sourcing-Anbieter

5.2.1 Portum AG

Als Beispiel für eine horizontale E-Sourcing-Lösung wird die Lösung der Portum AG vorgestellt. Das nach dem von ihm angebotenen Portal benannte Unternehmen wurde 1999 gegründet und gehört mittlerweile zu IBX. Die Portum AG beschäftigt weltweit ca. 60 Mitarbeiter und hat ihren Hauptsitz in Frankfurt am Main. Über die Lösung der Portum AG werden von 50.000 Benutzern ca. 8,1 Mrd. € gehandelt (Stand 2006).

Die Software der Portum AG, das Enterprise Sourcing Cockpit, liegt in der Version 5.2 vor und ist, wie Abbildung 5.9 zeigt, aus fünf zusammenhängenden Modulen aufgebaut.

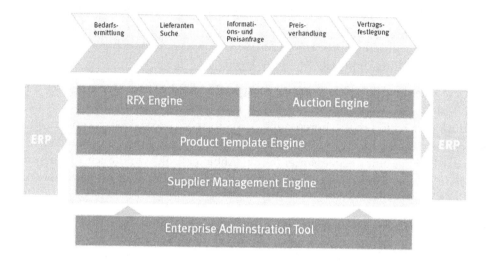

Abbildung 5.9: Aufbau des Enterprise Sourcing Cockpit[20]

– Enterprise Administration Tool: Das Enterprise Administration Tool ist das Modul zur Verwaltung der Benutzer und Aktivitäten des eigenen Unternehmens und zur Analyse des Einkaufsverhaltens. Hierüber werden also die Daten und Benutzer des einkaufenden Unternehmens administriert.

– Supplier Management Engine: Die Supplier Management Engine ist das Modul zur Suche, Auswahl und Verwaltung von Lieferanten. In diesem Modul werden die Lieferantendaten von jedem Einkaufenden selbst verwaltet. Die Lieferantendaten werden in der Lösung der Portum AG also dezentral gehalten.

– Product Template Engine: Modul zur Verwaltung von standardisierten Vorlagen und Dokumenten für Ausschreibungen. Hier werden Standardvorlagen für Beschaffungsvorgänge erstellt und verwaltet. Dies erleichtert eine reibungslose Abwicklung von Ausschreibungen und Auktionen.

– RFX Engine: Die RFX Engine unterstützt die einzelnen Schritte des Ausschreibungsprozesses. Hier werden die Erstellung von Ausschreibungen,

---

das Einholen von Angeboten und der anschließende Vergleich der Angebote abgewickelt.

– Auction Engine: Die Auction Engine dient zur Abwicklung und Auswertung von elektronischen Auktionen. Es werden zahlreiche verschiedene Auktionsformen unterstützt, um ein optimales Auktionsdesign zu ermöglichen. Besonders zu beachten ist der außergewöhnlich hohe Anteil von 5500 abgewickelten Auktionen im Verhältnis zu 6000 abgewickelten Ausschreibungen. Die von der Portum AG angebotene Beratung ist im Bereich Auktionen aufgrund der umfassenden Erfahrung entsprechend hochwertig. Im Durchschnitt erzielte 16 % Ersparnis belegen die Fokussierung auf Einstandspreise.

Die Software der Portum AG wird in 3 Stufen angeboten, bei denen jeweils der Anteil an Beratungsleistungen variiert.

– Voll-Serviced: Die Portum AG stellt Software und Consulting zur Verfügung.

– Teilweise-Serviced: Die Portum AG stellt die Software und den Support der Software zur Verfügung.

– Technologie-Serviced: Die Portum AG stellt die Software als Application Service Provider zur Verfügung.

Die Software der Portum AG kann darüber hinaus komplett als Eigeninstallation auf den Systemen des einkaufenden Unternehmens betrieben werden.

5.2.2 Sourcing Parts SA

Das Unternehmen SourcingParts SA ist ein im Industriebereich spezialisierter, also vertikaler Marktplatzbetreiber mit Firmensitz in Genf und Vertretungen in Frankreich, Deutschland, Italien, der tschechischen Republik, China, Indien, der Türkei und den USA. Sourcing Parts beschäftigt weltweit ca. 95 Mitarbeiter.

SourcingParts verfügt über ein weltweites Lieferantennetzwerk mit über 70.000 Lieferanten, die sich kostenlos auf der Plattform registrieren. Informationen zu diesen Lieferanten sind für einkaufende Unternehmen allgemein verfügbar. Einkaufende Unternehmen haben die Möglichkeit, entweder ausschließlich ihre Stammlieferanten zu konsultieren, oder über das Lieferantennetzwerk neue Lieferanten zu finden.

Die SourcingParts Lösung wurde für die Industrie entwickelt und ermöglicht Einkäufern in diesem Bereich direkt mit Lieferanten in Kontakt zu treten. Die Plattform unterstützt verschiedene Währungen und ist in 10 Sprachen verfügbar und ermöglicht somit die Kommunikation zwischen Einkäufern und Lieferanten aus aller Welt. Die Lösung ist im ASP Modus über Internet verfügbar, was sofortigen Einsatz sowie eine transparente Prozessgestaltung ermöglicht. Transaktionen können in Echtzeit durchgeführt und so Anfragezeiten deutlich reduziert werden. Auf die Sicherheit der über Sourcing Parts übertragenen Daten wird großen Wert gelegt. Die Sicherheit genügt strikten Anforderungen wie denen des Verteidigungssektors und ist durch Audits von großen Industriekonzernen verifiziert.

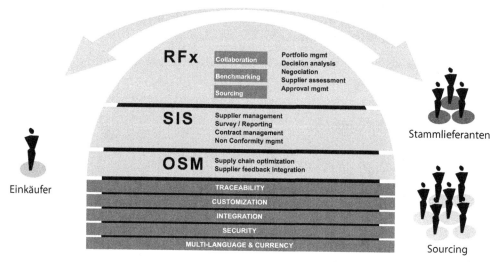

Abbildung 5.10: Aufbau der Sourcing Parts-Lösung[21]

Wie Abbildung 5.10 zeigt, ist die Sourcing Parts-Lösung aus drei wesentlichen Komponenten aufgebaut:

- RFx Engine: Das RFx-Modul ermöglicht es, Einkaufszeiten zu beschleunigen, indem wichtige Beschaffungsprozesse standardisiert werden und so kostbare Zeit für Verhandlungen genutzt werden kann. Hierzu können Ausschreibungen im RFx-Modul komlett elektronisch erstellt und verwaltet werden. Durch die Erstellung von Vorlagen für Ausschreibungen kann der

---

[21] Sourcing Parts SA

Ausschreibungsprozess soweit wie möglich standardisiert werden. Das RFx-Modul kann an das ERP-System des einkaufenden Unternehmens angebunden werden, um eine medienbruchfreie Integration mit dem Back-End zu erreichen. In Folge einer Ausschreibung kann mit dem RFx-Modul eine elektronische Auktion durchgeführt werden, um die Preisverhandlungen ebenfalls elektronisch abzubilden.

- SIS-Modul: Das SIS-Modul (Supplier Information System) stellt ein Tool dar, das zur Analyse und Verwaltung der Lieferantendaten des Unternehmens dient. Es ermöglicht den Zugriff auf Informationen bezüglich vorhandener oder neuer Lieferanten dank der Verknüpfung privater und öffentlicher Daten der Lieferanten. Öffentliche Daten der Lieferanten werden über Zugriff auf das Lieferantennetzwerk bezogen, private Informationen werden in einer separaten Datenbank für die Lieferantendaten des Unternehmens gehalten. Lieferanten, die im Lieferantennetzwerk als geeignete Partner identifiziert wurden, können in die Lieferantendaten des Unternehmens übernommen werden, so dass die Daten des Unternehmens über seine Stammlieferanten mit den Aktivitäten auf der Plattform synchron sind. Die Lieferantendaten aus dem SIS-Modul werden in den Ausschreibungs- und Anfrageprozess eingebunden.

- OSM-Modul: Das in die SourcingParts-Plattform integrierte OSM-Modul (Order Supply Management) dient zur Verwaltung von Bestellungen, Abrufen und Lieferungen zwischen Lieferant und Kunde, also der operativen Abwicklung der Beschaffungsvorgänge. Es erlaubt Auftraggebern die effiziente Steuerung des Lebenszyklus von Bestellungen bei gleichzeitigem Wegfall der üblichen Kosten für den elektronischen Datenaustausch (EDI). Das OSM-Modul kann mit dem ERP-System oder der Einkaufslösung des Unternehmens verknüpft werden, um das Importieren und Aktualisieren von Informationen für die Bestellungen ohne Medienbruch zu ermöglichen. Falls der ursprüngliche Auftrag nicht erfüllt werden kann, hat der Lieferant alle notwendigen Informationen, um einen Ersatzauftrag anbieten zu können. Dieses Modul sorgt außerdem für die Einhaltung der gegenseitigen Regeln und Verpflichtungen im Zusammenhang mit dem Logistikvertrag. Und schließlich ist der Lieferant durch den automatischen Export der Logistikdaten in elektronische Form in der Lage, die Informationen seinerseits ohne Medienbruch wieder zu verwenden.

Zu beachten ist, dass bei SourcingParts das Lieferantennetzwerk auf einer zentralen Datenbank basiert, die Lieferantendaten der einzelnen Unternehmen jedoch dezentral gehalten werden. Die Lösung von SourcingParts ist vordringlich an der Vereinfachung und Beschleunigung der Prozesse ausgerichtet. Insgesamt ist eine Orientierung des Anbieters an der Software zu beobachten, entsprechend wird die Lösung von Sourcing Parts in den Bereich E-Ordering weiterentwickelt, wie an der Aufstellung des OSM-Moduls zu erkennen ist. Weiterhin bietet SourcingParts auch ein Modul für die Beschaffung von Standardteilen aus elektronischen Katalogen an.

6 Die E-Procurement-Lösung der Metabowerke GmbH

Als detailliertes Beispiel aus der Praxis dient die Metabowerke GmbH, an deren E-Procurement-Lösung die Umsetzung der zuvor erläuterten Konzepte detailliert gezeigt werden kann.

Die Metabo-Gruppe ist ein mittelständisches Unternehmen mit ca. 2600 Mitarbeitern, dessen Hauptgeschäftsbereich in der Herstellung von Elektrowerkzeugen liegt. Weitere Geschäftsbereiche sind stationäre Holzbearbeitungsmaschinen, Schweißgeräte, Pumpen und Druckluftgeräte. Die Metabo-Gruppe ist international tätig und heute in über 100 Ländern vertreten. Träger des Hauptgeschäfts Elektrowerkzeuge ist die Metabowerke GmbH.

Zunächst wird der Ist-Zustand der E-Procurement-Lösung der Metabowerke festgestellt und nach den in den vorigen Kapiteln vorgestellten Schemata eingeordnet. Der aktuelle Stand ist eine E-Ordering-Lösung für den operativen Bereich, das Elektronische Bestell Portal (EBP)-System. Im Bereich E-Sourcing ist bei den Metabowerken aktuell keine permanente Lösung im Einsatz, jedoch sind bereits Erfahrungen vorhanden und Know-how aufgebaut worden. Anschließend werden Möglichkeiten betrachtet, die den Metabowerken für eine Weiterentwicklung offen stehen.

6.1 Das Elektronische Bestell Portal der Metabowerke GmbH

Um die Beschaffungsprozesse zu vereinfachen und durch Bündelung des Bedarfs Einsparungen zu erzielen, wurde bei den Metabowerken im Jahr 2001 eine E-Ordering-Lösung zur Beschaffung von C-Teilen, hauptsächlich Büromaterial, Werkzeuge und Elektromaterial, eingeführt.

6.1.1 Aufbau des Elektronischen Bestell Portals

Die E-Ordering-Lösung der Metabowerke ist eine 3rd-Party-Lösung, also eine Lösung auf Käuferseite mit Content-Management durch Drittanbieter. Dieser Drittanbieter ist im Fall der Metabowerke die Heiler Software AG.

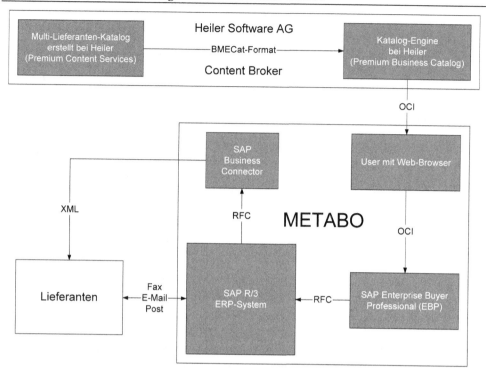

Abbildung 6.1: Struktur des EBP-Systems

Das EBP-System besteht gegenwärtig aus dem Modul Enterprise Buyer Professional von SAP zur Anbindung an das ERP-System und dem Einkaufssystem mit Multi-Lieferanten-Katalog der Heiler Software AG[1]. Von Heiler Software wird neben dem Premium Business Catalog auch das Content Management (Premium Content Services) bezogen. Aktuell setzt sich der Multi-Lieferanten-Katalog aus 7 Katalogen von Lieferanten zusammen; insgesamt ca. 70 User bestellen über das EBP-System.

Die Entscheidungen beim Entwurf dieser Lösung wurden bei den Metabowerken in einer In-Out-Reihenfolge getroffen, das heißt, zuerst der innerste Bereich, also das Modul zur Abwicklung des Beschaffungsvorgangs mit Schnittstelle zum ERP-System, zuletzt der äußerste Bereich, die Katalog-Engine mit Front-End zum Benutzer.

---

[1] Vgl. Kapitel 5.1.2

Bei der Auswahl des Moduls zur Abwicklung des Beschaffungsvorgangs fiel die Wahl auf den Enterprise Buyer von SAP. Der Aufwand für die Integration ins Back-End konnte so minimal gehalten werden, da beides vom selben Anbieter bezogen wurde. Aus dieser Entscheidung folgte, dass bei der Wahl der Katalog-Engine SAP-Kompatibilität im Vordergrund stehen musste. Konkret bedeutet das, dass eine OCI-Schnittstelle vorhanden sein musste. Das Angebot der Firma Heiler Software ist mit Hinblick auf eine Anbindung an ein SAP-System entwickelt worden, weswegen die Wahl auf diesen Anbieter fiel. Von der Heiler Software AG wurde wiederum das BMECat-Format für die elektronischen Kataloge der Lieferanten vorgegeben.

Die Lieferanten übergeben ihre Kataloge der Heiler Software AG, dort werden die Kataloge nach Überprüfung und wenn notwendig Konvertierung im BMECat-Format in den Multi-Lieferanten-Katalog eingestellt. Ein User, der eine Bestellung vornehmen will, loggt sich mit seinem Web-Browser im Enterprise Buyer Professional ein. Von dort wird er zur Katalog-Engine der Heiler Software AG, dem Premium Business Catalog, weitergeleitet. Der User stellt seine Bestellung aus den Katalogen, für die er eine Berechtigung besitzt, zusammen und schickt den Warenkorb ab. Der Warenkorb wird dabei im OCI-Format an den Enterprise Buyer Professional übertragen und der Genehmigungsprozess angestoßen.

Die in Abbildung 6.2 dargestellten Genehmigungsprozesse für die einzelnen Warenkörbe laufen direkt im Enterprise Buyer Professional ab. Der momentane Workflow für die Genehmigungen ist zweistufig: Bis zu einem Gesamtwert von 1500 € dürfen berechtigte Mitarbeiter Bestellungen allein vornehmen, ab diesem Betrag ist eine Genehmigung durch den jeweiligen Abteilungsleiter erforderlich. Ab 5000 € ist zusätzlich zur Zustimmung des Abteilungsleiters das Einverständnis der Geschäftsleitung, das heißt des zuständigen Vorstandsmitglieds, erforderlich.

Die Umsetzung dieses Verfahrens erfolgt per E-Mail. Der jeweilige Genehmigungsberechtigte erhält automatisch eine Mail mit einem Link zum betroffenen Warenkorb und der Bitte um Prüfung, wenn eine der Wertgrenzen überschritten wird.

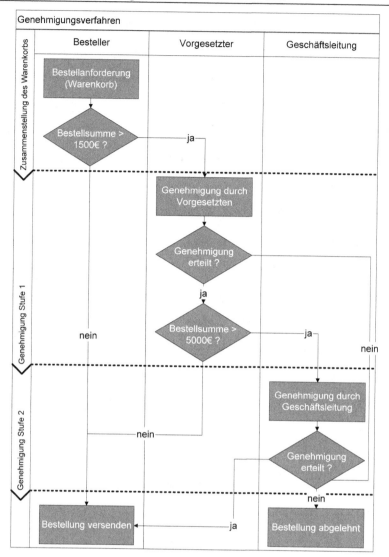

Abbildung 6.2: Genehmigungsprozess des EBP-Systems

Nachdem der Warenkorb die erforderlichen Genehmigungsprozesse durchlaufen hat, wird aus dem Warenkorb, der eine Bestellanforderung darstellt, eine Bestellung. Diese wird ins Back-End der Metabowerke, ein SAP R/3 System übertragen. Je nachdem, was mit dem jeweiligen Lieferanten vereinbart wurde, wird die Bestellung entweder elektronisch per SAP Business Connector oder auf konventionellem Weg, das heißt mit automatisch generiertem Fax oder E-Mail an den Lieferanten übertragen.

6.1.2 Erfahrungen und Modifikationen

Die am EBP-System vorgenommenen Modifikationen stellen Veränderungen an den operativen Abläufen dar, die aber auf die Systemstruktur und die strategische Ausrichtung keine Auswirkungen haben, aber für die Erhaltung des weitgehend reibungslosen Betriebs erforderlich sind.

Im operativen Betrieb des Systems konnten folgende Ursachen für Probleme ausgemacht werden:

- Die Möglichkeit der Bestellung von aktivierungspflichtigen oder aktivierungsfähigen Investitionsgütern über das EBP-System: Aktivierungspflichtige Investitionsgüter sind Güter mit einem Preis von über 410 €, die mit einer eigenen Position in der Bilanz des Unternehmens geführt werden, und daher in der Buchhaltung gesondert behandelt werden müssen. Aktivierungsfähige Güter sind geringwertige Wirtschaftsgüter mit einem Preis zwischen 50 € und 410 €, die keine Verbrauchsgüter darstellen. Sie können in einer Sammelposition in die Bilanz des Unternehmens eingestellt und separat abgeschrieben werden. Bei diesen Gütern macht eine gesonderte Behandlung ebenfalls Sinn, da hier steuerliche Vorteile erzielt werden können. Grundsätzlich können bei der Verbuchung einer elektronischen Bestellung verschiedene Kostenstellen angegeben werden, jedoch ist die beschriebene Unterscheidung zu komplex, um vom jeweiligen Besteller von Hand vorgenommen zu werden.

- Unklarheiten über die Kontrollverantwortung: Bei der Aufnahme neuer Besteller bestand das Problem, dass Unklarheiten über die Kontrollverantwortung entstanden sind. Es bestanden keine eindeutigen Festlegungen, ob bei Bestellern, die nicht direkt an den jeweiligen Kostenstellenverantwortlichen berichten, abgesehen vom Genehmigungsprozess weitere Prüfungen der Bestellungen erforderlich sind.

Entsprechend den vorgefundenen Problemen wurden Modifikationen für das EBP-System ausgearbeitet:

- Der Ausschluss von Investitionsgütern erfolgt über das sogenannte Info-Flag, das im BMEcat-Format für diesen Fall vorgesehen ist. Hierdurch kann der entsprechende Datensatz vom Besteller eingesehen, aber nicht bestellt werden. Mit den Lieferanten der Metabowerke wurde vereinbart, alle Artikel über 410 € mit dem Info-Flag zu kennzeichnen. Dies kann im Produktmanagementsystem des Lieferanten unproblematisch erfolgen. Die Kennzeichnung von aktivierungsfähigen Gütern zwischen 50 € und 410 € hingegen ist im Moment noch problematisch, da hier nicht alle Güter der angegebenen Preisspanne gekennzeichnet werden sollen. Die entsprechenden Kriterien sind nur schwer trennscharf anzugeben und können gegenwärtig nicht elektronisch abgeprüft werden. Eine Selektion und Kennzeichnung muss folglich beim Lieferanten manuell durchgeführt werden.

– Um den Kreis der Besteller bei Bedarf auszuweiten zu können, wurde für das Problem der Kontrollverantwortung ein Verfahren gesucht, die Bestellaktivitäten enger zu prüfen, ohne den Bestellprozess durch aufwändige Genehmigungsverfahren unnötig zu verlängern. Es wurde als Möglichkeit ausgearbeitet, bei Überschreiten einer Wertgrenze von 100 € durch eine einzelne Bestellposition, den Vorgesetzten per Mail zu benachrichtigt, ohne ein Genehmigungsverfahren einzuleiten. Dies gewährleistet einen schnellen Bestellverlauf, da nicht unnötig viele Bestellungen im Genehmigungsverfahren „festhängen", aber „Ausreißer" dennoch abgefangen werden können. Das Auslösen dieser Benachrichtigung kann im Genehmigungsprozess (siehe Abbildung 6.2) im SAP Enterprise Buyer integriert werden.

6.1.3 Optionen zur strategischen Weiterentwicklung des EBP-Systems

Für eine strategische Weiterentwicklung oder alternierte Aufstellung des EBP-Systems stehen den Metabowerken die in Abbildung 6.3 dargestellten Optionen zur Auswahl, die sich allerdings gegenseitig ausschließen.

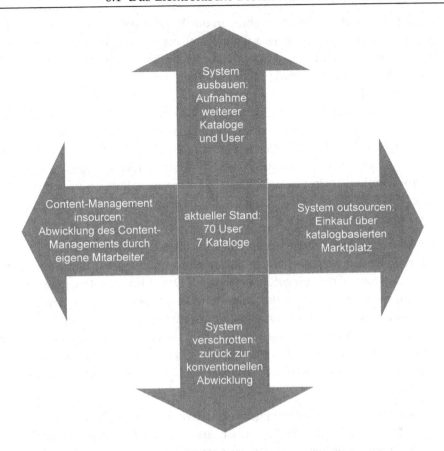

Abbildung 6.3: Optionen zur Weiterentwicklung des EBP-Systems

Wird das EBP-System abgeschafft, fallen logischerweise alle anderen Möglichkeiten weg. Wenn Veränderungen an der Systemstruktur erfolgen (horizontale Achse), beeinflusst das in beiden Fällen die Kataloghaltung, also kann die Aufnahme weiterer Kataloge (vertikale Achse) erst erfolgen, wenn die Veränderungen der Struktur abgeschlossen sind. Entsprechend schließen sich im Diagramm gegenüberliegende Optionen gegenseitig aus.

– Optimierung der Systemauslastung durch Ausbau des Systems: Die am nächsten liegende Option ist die Optimierung der Systemauslastung durch Aufnahme weiterer Kataloge und Benutzer. Da der Löwenanteil der Betriebskosten des EBP-Systems Fixkosten sind, verringern sich die auf die einzelne Transaktion umgelegten Fixkosten bei höherem Transaktionsvolumen automatisch. Zur Aufnahme in das Katalogsystem eignen sich Lieferanten, mit denen entsprechend viele Bestellvorgänge beziehungsweise ein entsprechendes finanzielles Bestellvolumen abgewickelt wird. Das Bestellvolumen wäre hier normalerweise weniger von Bedeutung, aber die Anzahl der Bestellvorgänge wird eventuell durch manuelles Zusammenfassen bei konventionellen Bestellungen verzerrt, so dass die Anzahl an Bestellvorgängen allein für eine Entscheidung nicht ausreicht. Für die Aufnahme weiterer User gilt ähnliches; Besteller mit entsprechend hoher Bestellfrequenz sollten in das System aufgenommen werden. Hierbei entsteht auch ein ähnliches Problem: Wenn ein normaler Besteller seine Bestellungen über einen Benutzer des EBP-Systems abwickelt, können die entsprechenden Zahlen ebenfalls verzerrt werden.

– Insourcing des Content Managements: Um das Content-Management zu optimieren und entsprechendes Know-How aufzubauen, kann ein Content-Management-Tool eingeführt werden. Das Content-Management würde dann nicht mehr von einem externen Dienstleister, im Moment der Heiler Software AG, sondern von eigenen Mitarbeitern abgewickelt werden. Hier würde sich die Einführung des ebenfalls von der Heiler Software AG angebotenen Premium Content Managers[2] eignen. Durch die einheitliche Schnittstelle, das BMECat-Format,[3] ist allerdings auch ein anderer Anbieter möglich.

– Outsourcing des Systems: Die Alternative zur einkaufsseitigen Lösung[4] der Metabowerke ist der Einkauf über einen katalogbasierten Marktplatz,[5] also das Outsourcing des kompletten Systems an einen Marktplatzanbieter. Dies würde die laufenden Kosten senken, da über einen katalogbasierten Marktplatz weniger Kosten und Aufwand anfallen, allerdings zu Lasten der Funktionalität, da eine Marktplatzlösung auch weniger Funktionen und Anpassungsmöglichkeiten bietet.

– Demontage des Systems zur Kosteneinsparung: Eine immer offene Option ist die Demontage des Systems, falls es sich als unrentabel erweist. Das Problem ist hierbei die Frage, wie die Rentabilität des Systems bestimmt wird. Da es sich beim EBP-System der Metabowerke um eine E-Ordering-

---

[2] Vgl. Kapitel 5.1.2
[3] Vgl. Kapitel 4.4.1
[4] Vgl. Kapitel 2.2.2.2
[5] Vgl. Kapitel 2.2.2.3

Lösung handelt, sind die meisten erzielten Einsparungen soft savings. Werden diese Einsparungen nicht mitgerechnet, ist das System unrentabel und sollte demontiert werden. Es sollte allerdings beachtet werden, dass die Investitionen in die Softwarelizenzen in diesem Fall verfallen, weil die Lizenzen nicht zurückgegeben oder verkauft werden können.

– Wechsel des Lösungsanbieters: Die Option, den Anbieter der E-Ordering-Lösung zu wechseln, ist im Diagramm nicht mit aufgeführt, da sich mit dieser Option nichts am Stand der Dinge (7 Kataloge, 70 User) und an der Systemstruktur ändert. Es sollte aber beachtet werden, dass die übrigen Optionen auch in diesem Fall wegfallen. Der Wechsel des Lösungsanbieters ist an mehreren Stellen möglich: Die erste Komponente, die ausgetauscht werden kann, ist das Modul zur Abwicklung der Bestellungen, der Enterprise Buyer Professional von SAP. Dies ist nicht ganz einfach, weil erstens ein Ersatz für den Enterprise Buyer Professional sehr aufwendig an das Back-End System angebunden werden müsste und zweitens die Lizenzkosten für den Enterprise Buyer auch hier verfallen, da diese Lizenzen nicht zurückgegeben werden können. Die zweite Komponente, die getauscht werden kann, ist die Kataloglösung von Heiler Software. Der Wechsel zu einem anderen contentorientierten Anbieter ist möglich, das Problem hierbei ist der relativ hohe Aufwand mit unsicherem Ergebnis. Der Wechsel zu einem beschaffungsorientierten Anbieter ist in diesem Fall nicht sinnvoll, da für Content-Management erforderliche Werkzeuge und Know-How bei den Metabowerken erst aufgebaut werden müssten.

6.2 Einsatz einer E-Sourcing-Lösung bei den Metabowerken GmbH

Um den strategischen Einkauf zu unterstützen und die Prozesse zu beschleunigen waren die Metabowerke eine Zeit lang auf einem elektronischen Marktplatz aktiv. Das Ziel war, durch Akquisition neuer Lieferanten Wettbewerbsdruck aufzubauen und somit die Preise zu reduzieren. Die Erwartung, über einen elektronischen Marktplatz Kontakt zu neuen Lieferanten zu finden, hat sich jedoch nicht erfüllt, da die Anforderungen der Metabowerke oft sehr spezifisch und darüber hinaus auf Single-Sourcing ausgerichtet sind.[6] Weiterhin blieb die Qualität der Ergebnisse der durchgeführten Ausschreibungen hinter den Erwartungen zurück, da ausschließlich offene Ausschreibungen durchgeführt wurden, was zwar die Rücklaufquote an Angeboten erhöhte, aber die Qualität der Ergebnisse stark sinken ließ.[7]

Das Change Management bei der Einführung der Lösung und die Schulung der Mitarbeiter waren ein weiterer Bereich, in dem Probleme entstanden sind.[8] Die Mitarbeiter wurden nur unzureichend über die mit der Einführung der Lösung beabsichtigten Verbesserungen informiert und vor allem über die Hintergründe im Umgang mit dem Marktplatz nur unzureichend geschult. Dies führte bei den Mitarbeitern zu einer teilweise begründeten Ablehnung des Systems. Es wurde richtig erkannt, dass in manchen Bereichen eine Single-Sourcing-Strategie angestrebt wurde, beziehungsweise die Marktverhältnisse den Einsatz der Plattform unmöglich machten. Jedoch wurden auch Probleme, die sich mit entsprechendem Know-How hätten lösen lassen, wie die oben genannte Verwendung von offenen Ausschreibungen, direkt dem Marktplatz angelastet.

Der erste Schritt zur erfolgreichen Neueinführung einer E-Sourcing-Lösung ist die Auffindung und Analyse der bisherigen Probleme. Dies sind im Einzelnen:

- Unrealistische Erwartungen

- Mangelndes Change-Management

- Schlechter Einsatz der Ausschreibungen

Diese Probleme lassen sich auf die gleiche Ursache zurückführen, nämlich dass die Einführung der E-Sourcing-Lösung technologiezentriert durchgeführt und der

---

[6] Vgl. Kapitel 3.1.2 und Kapitel 3.4

[7] Vgl. Kapitel 2.2.3.2

[8] Vgl. Kapitel 3.5.1

Aufbau von entsprechendem Know-How vernachlässigt wurde. Daher sollte bei der Auswahl eines Anbieters für einen neuen Versuch entsprechend Wert darauf gelegt werden, dass entsprechende Beratung angeboten wird.

Für die Entscheidung, ob eine E-Sourcing-Lösung erfolgreich bei den Metabowerken eingesetzt werden kann, sind zwei Faktoren ausschlaggebend: Die Auswahl von Produkten, die für die Beschaffung über die Lösung geeignet sind und eine darauf aufbauende Analyse der Amortisationsdauer der Lösung. Das heißt, die zur Beschaffung über eine E-Sourcing-Lösung vorgesehenen Produkte müssen den beschriebenen Anforderungen genügen.[9] Produkte, bei denen die Metabowerke eine Single-Sourcing-Strategie verfolgen, sind nicht geeignet. Das so ermittelte Einkaufvolumen muss ausreichen, damit die Lösung sich bei konservativ zu erwartenden Einsparungen in absehbarer Zeit amortisiert.

Als alternative Lösung arbeiten die Metabowerke fallweise mit E-Sourcing-Anbietern zusammen, um in Einzelfällen, in denen der Einsatz elektronischer Beschaffung sinnvoll erscheint, entsprechende Werkzeuge einsetzen zu können. Dies ist hauptsächlich bei Neuteilen, bei denen noch keine Lieferantenbeziehung etabliert ist und bei Global Sourcing-Aktivitäten, das heißt, Anfragen an Länder, in denen bisher keine Lieferanten bekannt sind, der Fall.

---

[9] Vgl. Kapitel 3.5.4

7 Ergebnis

7.1 Fazit

Die Aussage von der Win-Win-Situation zwischen einkaufendem Unternehmen und Lieferant ist korrekt: E-Procurement schadet hauptsächlich dem, der es nicht einsetzt. Auf der Seite der einkaufenden Unternehmen durch Wettbewerbsvorteile der Konkurrenz, auf der Seite der Lieferanten durch verlorene Kunden.

Diese Aussage gilt aber nur für Gebiete, die den in Kapitel 3 genannten Anforderungen an E-Procurement auch entsprechen – durch den unreflektierten Einsatz von E-Procurement können erhebliche Kosten entstehen, ohne dass ein vergleichbarer Nutzen für das Unternehmen entsteht.

Für ein Unternehmen, das eine E-Procurement-Lösung einführen will, ist es essentiell, sich nicht nur über die technische Umsetzung im Klaren zu sein, sondern auch die Anwendbarkeit einer E-Procurement-Lösung auf die eigene Situation geprüft zu haben. Es hat sich gezeigt, dass die E-Procurement-Lösung zur Strategie des Unternehmens passen muss, einfach nur dem Hype nachzulaufen reicht nicht.

Ein Unternehmen in einer solchen Situation sollte daher darauf achten, zusammen mit der technischen Umsetzung der Lösung auch entsprechende Beratung einzukaufen und eine klare Zieldefinition vorzugeben, denn je nachdem, was mit der E-Procurement-Lösung erreicht werden soll, muss die Lösung unterschiedlich ausgestaltet werden.

Der Vorwurf, E-Sourcing-Lösungen dienten hauptsächlich dazu, Marktmacht zum Nachteil der Lieferanten auszuüben, muss im Hinblick auf die Marktsituation gesehen werden. E-Sourcing-Lösungen bilden die Marktsituation transparent ab; wenn auf diesem Markt Ungleichgewichte herrschen, wird dieser Umstand allerdings entsprechend deutlich gezeigt.

7.2 Ausblick

Aus den Ergebnissen dieser Arbeit soll nun versucht werden, eine Prognose für die weitere Entwicklung im Bereich E-Procurement zu erstellen. Hierzu werden die erkennbaren Trends angegeben und ein Ausblick gezeigt, wohin die jeweilige Entwicklung führt.

Im Zuge der Entwicklung von neuen Kommunikationstechnologien und drahtlosen Geräten hat sich das Mobile Business entwickelt, also die Abwicklung von E-Business über drahtlose, mobile Endgeräte. Der Einsatz solcher Geräte ist auch im Bereich E-Procurement möglich und sinnvoll, um die elektronisch abgewickelten Beschaffungsprozesse weiter zu beschleunigen. Als einfaches Beispiel sei die Genehmigung per E-Mail genannt: Wenn der entsprechend Genehmigungsberechtigte über einen mobilen E-Mail-Client verfügt, können die Genehmigungszeiten drastisch verkürzt werden und aufwendige Vertreterregelungen können entfallen.

Weiterhin ist die zunehmend starke Marktstellung des BMECat-Formats für Katalogdaten in Deutschland zu erkennen. Aufgrund der durch die Verbreitung dieses Formats entstehenden Netzwerkeffekte werden die meisten elektronischen Kataloge in diesem Format angeboten, was das Content-Management deutlich vereinfacht und den Bedarf der Unternehmen in diesem Bereich reduziert. Dieser Trend wird verstärkt durch die zunehmende E-Readiness auch kleiner Lieferanten, die früher mit eine Hauptursache für die mit Content-Management verbundene Komplexität darstellten. Hieraus lässt sich ableiten, dass Kompetenz im Content-Management alleine langfristig nicht mehr als Wettbewerbsvorteil für einen Anbieter ausreichend ist. Contentorientierte Anbieter müssen daher ihr Angebot umstellen beziehungsweise erweitern, um wettbewerbsfähig zu bleiben. Diese Erweiterung der Portfolios der Contentorientierten Anbieter kann bereits am Markt beobachtet werden.

Ein weiterer Trend ist die Konvergenz der Angebote softwareorientierter E-Ordering- und E-Sourcing-Anbieter. Durch den Fokus der Anbieter auf die optimale Unterstützung der Beschaffungsprozesse durch Automatisierung und Integration ist eine Erweiterung des Produktportfolios in den jeweils anderen Bereich der logische nächste Schritt für die Anbieter, da der Bezug einer Lösung aus einer Hand für die Kunden einen erheblich reduzierten Integrationsaufwand bedeutet. Die Kategorisierung in E-Ordering-Anbieter und E-Sourcing-Anbieter ist bei softwareorientierten Anbietern folglich auf lange Sicht nicht mehr praktikabel, da die Anbieter zunehmend in beiden Bereichen Lösungen anbieten.

Aus diesen Trends lässt sich ableiten, dass durch die Konvergenz und Verschiebungen in den Positionierungen der Anbieter am Markt weitere Konsolidierungen zu erwarten sind. Durch den allgemeinen Trend im E-Business zu möglichst weitreichender Integration geraten Anbieter von Einzellösungen unter Druck, mit komplementären Partnern zusammenzuarbeiten. Es sind also weitere Zusammenschlüsse von Anbietern zu erwarten.

Abkürzungsverzeichnis

AGB	Allgemeine Geschäftsbedingungen
ASCII	American Standard Code for Information Interchange
B2B	Business-to-Business
B2C	Business-to-Consumer
BANF	Bestellanforderung
BGB	Bürgerliches Gesetzbuch
BME	Bundesverband Materialwirtschaft, Einkauf und Logistik
CIF	Catalog Interchange Format
cXML	Commerce XML
DPS	Desktop Purchasing System
DTD	Document Type Definition
D-U-N-S	Data Universal Numbering System
E-	Electronic-
EAN	European Article Number
EBP	Enterprise Buyer Professional / Elektronisches Bestell Portal
eCX	eCatalog XML
EDI	Electronic Data Interchange
EPC	Electronic Product Code
eRFQ	electronic Request for Quotation
ERP	Enterprise Resource Planning
HTML	Hypertext Markup Language
IAO	Institut für Arbeitswirtschaft und Organisation
ISO	International Organization for Standardization
M-	Mobile-

MAC	Message Authentication Code
MLK	Multi-Lieferanten-Katalog
OCI	Open Catalog Interface
OFTP	Odette File Transfer Protocol
OSI	Open Systems Interconnection
OSM	Order Supply Management
PBC	Premium Business Catalog
PCM	Premium Content Manager
PCS	Premium Content Services
PIP	Partner Interface Process
PMM	Premium Media Manager
PMP	Print Media Publisher
PPM	Premium Product Manager
PSX	Premium Supplier Exchange
RFC	Remote Function Call
RFID	Radio Frequency Identification
RNIF	Rosetta Net Implementation Framework
ROI	Return on Investment
SET	Secure Electronic Transaction
SGML	Standard Generalized Markup Language
SigG	Signaturgesetz
SIS	Supplier Information System
UCC	Uniform Code Council
UN/EDIFACT	United Nations Electronic Data Interchange for Administration, Commerce and Trade
UN/SPSC	Universal Standard Products and Services Classification
UPC	Universal Product Code

UStG	Umsatzsteuergesetz
VAN	Value Added Network
VerstV	Versteigererverordnung
VPN	Virtual Private Network
XML	Extended Markup Language

Literaturverzeichnis

Afif, Noelani (1999) Elektronische Warenbeschaffung; Ein Kuli für 200 Mark; in: Information Week; 1999

Amor, Daniel (2000) Dynamic Commerce; Online-Auktionen - Handeln mit Waren und Dienstleistungen in der Neuen Wirtschaft; Galileo Press; Bonn; 2000

Amor, Daniel (2001) Die E-Business-(R)Evolution; Das umfassende Executive-Briefing; Galileo Press; Bonn; 2001

Appelfeller, Wieland / Buchholz, Wolfgang (2005) Supplier Relationship Management; Strategie, Organisation und IT des modernen Beschaffungsmanagements; Gabler Verlag; Wiesbaden; 2005

Arnold, Ulli (1997) Beschaffungsmanagement; 2. Auflage; Schäffer-Poeschel Verlag; Stuttgart; 1997

Arnold, Ulli / Kärner, Heinzpeter (2003) E-Readiness; Wie fit sind deutsche Unternehmen für den Online-Handel?; in: Science Factory; Heft 2 2003; S. 10-15

Arthur Andersen Consulting (2000) Electronic Procurement; Trends in Web-Based Solutions; Arthur Andersen Consulting; 2000

Arthur Andersen Consulting (2002) eProcurement: Von der Vision zur Wirklichkeit; Status Quo und Trends der elektronischen Beschaffung in der deutschen Industrie; Arthur Andersen Consulting; 2002

Aust, Eberhard / Diener, Wolfe / Engelhardt, Peter / Lüth, Oliver (2000) ePurchasing; Im B2B eCommerce ist der Kunde wieder König; 2. Auflage; Verlag Oliver Lüth; Mannheim; 2000

Aust, Eberhard / Diener, Wolfe / Engelhardt, Peter / Lüth, Oliver (2001) eSourcing; Die Revolution im strategischen Einkauf; Verlag Oliver Lüth; Mannheim; 2001

Backhaus, Manuel (1999) E-Procurement; Ein Rezept zur Verbesserung der Wettbewerbssituation; in: Bogaschewsky, Ronald (Hrsg., 1999) S. 57-72

Bauer, R.; Brezina, B.; Böhm, E.; Neunteufel, K.; Stix, R.; Thewanger, K.; Tschitschko,H. (2001) Abschlussbericht zum Seminar aus Organisation und Materialwirtschaft eCommerce von Prof. Grün; Universität Wien; 2001

Bogaschewsky, Ronald (1999) Electronic Procurement; Neue Wege der Beschaffung; in: Bogaschewsky, Ronald (Hrsg., 1999) S. 13-40

Bogaschewsky, Ronald (Hrsg., 1999) Elektronischer Einkauf; Erfolgspotentiale, Praxisanwendungen, Sicherheits- und Rechtsfragen; BME-Expertenreihe Band 4; Deutscher Betriebswirte-Verlag; Gernsbach; 1999

Bogaschewsky, Ronald (2002) Elektronische Marktplätze; Charakteristika, Typisierung und Funktionalitäten; in: Weiber, Rolf (Hrsg., 2002) S. 749-774

Bogaschewsky, Ronald / Kracke, Uwe (1999) Internet-Intranet-Extranet; Strategische Waffen für die Beschaffung; BME-Expertenreihe Band 3; Deutscher Betriebswirte-Verlag; Gernsbach; 1999

Böhle, Knud (2002) Internet-Zahlungssysteme in der Europäischen Union; in: Ketterer, Karl-Heinz / Stroborn, Karsten (Hrsg., 2002) S. 45-61

Brenner, Walter / Lux, Andreas (2000) Virtual Purchasing; Die Revolution im Einkauf; Konradin Verlag; Leinfelden-Echterdingen; 2000

Buchholz, Wolfgang / Werner, Hartmut (2001) Supply Chain Solutions; Which way to go?; in: Buchholz, Wolfgang / Werner, Hartmut (Hrsg., 2001) S. 323-335

Buchholz, Wolfgang / Werner, Hartmut (Hrsg., 2001) Supply Chain Solutions; Best Practices in e-Business; Schäffer-Poeschel Verlag; Stuttgart; 2001

Bullinger, Hans-Jörg / Baumann, Timo / Fröschle, Norbert / Mack, Oliver / Trunzer, Thomas / Waltert, Jochen (2002) Business Communities; Professionelles Beziehungsmanagement von Kunden, Mitarbeitern und B2B-Partnern im Internet; Galileo Press; Bonn; 2002

Corsten, Daniel / Gabriel, Christoph / Felde, Jan (2002) Internet -enabled Supply Chain Management; in: Schögel, Marcus / Tomczak, Torsten / Belz, Christian (Hrsg., 2002) S. 802-821

Dun & Bradstreet Deutschland (2005) D-U-N-S Nummer; Seit über 40 Jahren - Ihr Schlüssel zum Erfolg; Dun & Bradstreet Deutschland; 2005

Einwiller, Sabine / Herrmann, Andreas / Ingenhoff, Diana (2005) Vertrauen durch Reputation; Grundmodell und empirische Befunde im E-Commerce; in: Marketing-Zeitschrift für Forschung und Praxis; Heft 1 2005; S. 24-40

EPCglobal Inc. (2004) The EPCglobal Network; Overwiew of Design, Benefits & Security; EPCglobal Inc.; 2004

Evans, Bob; Bacheldor, Beth; Foley, John; Kolbasuk McGee, Marianne (2003) Supply Siders; Global-supply management requires integrates, inclusive, real-time technology; in: Information Week; 13. Januar 2003

Eyholzer, Kilian (2002) Einsatzpotentiale und Auswirkungen von E-Procurement-Lösungen; Eine Analyse des Entwicklungsstandes in Schweizer Grossunternehmen; Shaker Verlag; Aachen; 2002

Fässler, Lukas (2002) Rechtliche Rahmenbedingungen im E-Commerce; in: Schögel, Marcus / Tomczak, Torsten / Belz, Christian (Hrsg., 2002) S. 190-208

Finkenzeller, Klaus (2002) RFID-Handbuch; Grundlagen und praktische Anwendung induktiver Funkanlagen, Transponder und kontaktloser Chipkarten; 3. Auflage; Carl Hanser Verlag; München Wien; 2002

Flicker, Alexandra, Höller, Johann (2001) E-Commerce auf Basis von Internettechnologien im Beschaffungswesen; Kurzfassung; Donau-Universität Krems; Kepler Universität Linz; 2001

Fromm, Hansjörg / Saedltler, Dietmar (2001) Entwicklungstrends virtueller Marktplätze in der Automobilindustrie; in: Buchholz, Wolfgang / Werner, Hartmut (Hrsg., 2001) S. 141-154

Füßler, Andreas (2001) Radiofrequenztechnik zu Identifikationszwecken (RFID) für die Automatisierung von Warenströmen; in: Buchholz, Wolfgang / Werner, Hartmut (Hrsg., 2001) S. 87-104

Geis, Ivo (2002) Die elektronische Signatur; in: Ketterer, Karl-Heinz / Stroborn, Karsten (Hrsg., 2002) S. 294-306

Gilbert, Alorie (2000) E-Procurement; Problems behind the Promise; in: Information Week; 20. November 2000

Granada Research (2001) Using the UNSPSC; Why Coding and Classifying Products is Critical to Success in Electronic Commerce; Granada Research; 2001

Hafner, Petra (2001) Ermittlung des eProcurement Bedarfs bei der Beschaffung von Nicht-Produktionsmaterialien bei den Metabowerken GmbH & Co.; Diplomarbeit; FH Esslingen; 2001

Hammer, Michael / Champy, James (1994) Business Reengineering; Die Radikalkur für das Unternehmen; 3. Auflage; Campus Verlag; Frankfurt; 1994

Heinzmann, Peter (2002) Internet; Die Kommunikationsplattform des 21. Jahrhunderts; in: Weiber, Rolf (Hrsg., 2002) S. 41-77

Heitmann, Annika (2002) Rechtliche Rahmenbedingungen des Bezahlens im Internet; EU-Recht und deutsche Gesetzgebung; in: Ketterer, Karl-Heinz / Stroborn, Karsten (Hrsg., 2002) S. 275-293

Helgemeier, Mark (2004) Internetbasierte Auktionen im Strategischen Einkauf der Siemens AG; 2004

Hentrich, Johannes (2001) B2B-Katalogmanagement; E-Procurement und Sales im Collaborative Business; Galileo Press; Bonn; 2001

Hermanns, Arnold / Gampenrieder, Ariane (2002) Wesen und Eigenschaften des E-Commerce; in: Schögel, Marcus / Tomczak, Torsten / Belz, Christian (Hrsg., 2002) S. 70-91

Hoffmann & Zachau Unternehmensberatung (2000) eProcurement; Beschaffung über das Internet in Deutschland; Hoffmann & Zachau Unternehmensberatung; München; 2000

Hornyak, Steve; Ostrander, Todd (o. J.) The seven C's of E-Procurement; in: Purchasing Magazine; o. J.

Ketterer, Karl-Heinz / Stroborn, Karsten (Hrsg., 2002) Handbuch ePayment; Zahlungsverkehr im Internet: Systeme, Trends und Perspektiven; Fachverlag Deutscher Wirtschaftsdienst; Köln; 2002

Kilian, Wolfgang (2002) Elektronische Geschäftsbezihungen und Zivilrecht; in: Weiber, Rolf (Hrsg., 2002) S. 995-1014

Kollmann, Tobias / Herr, Christian (2005) Die Vertrauenswürdigkeit von jungen Unternehmen im elektronischen Handel; in: Die Betriebswirtschaft; Heft 65 2005; S. 119-136

Konhäuser, Christian (1999) C-Artikelmanagement im Intranet/Internet; in: Bogaschewsky, Ronald (Hrsg., 1999) S. 75-96

KPMG Consulting (2000) Electronic Procurement; Chancen, Potentiale, Gestaltungsansätze; KPMG Consulting; 2000

Kurbel, Karl (2005) Produktionsplanung und -steuerung im Enterprise Resource Planning und Supply Chain Management; 6. Auflage; Oldenbourg Verlag; München Wien; 2005

Landeka, Davor (2002) Optimierung des Beschaffungsprozesses durch E-Procurement; Diplomica GmbH; Hamburg; 2002

Lein, Udo (2004) eSourcing experience Linde Gas; A knowledge transfer; Linde Gas; 2004

Leu, Matthias (1999) Sicherheitsaspekte des Electronic Procurement; Risiken und Schutzmöglichkeiten; in: Bogaschewsky, Ronald (Hrsg., 1999) S. 141-169

Möhrstädt, Detlef / Bogner, Philipp / Paxian, Sascha (2001) Electronic Procurement planen - einführen - nutzen; von der Konzeption zu optimalen Beschaffungsprozessen; Schäffer-Poeschel Verlag; Stuttgart; 2001

Müller, Eva (2004) Millardengrab Einkauf; in: Manager Magazin; Heft 8 2004; o. S.

Müller, Günter / Eymann, Torsten / Kreutzer, Michael (2003) Telematik- und Kommunikationssysteme in der vernetzten Wirtschaft; Oldenbourg Verlag; München Wien; 2003

Müller, Holger (1999) Elektronische Märkte im Internet; in: Bogaschewsky, Ronald (Hrsg., 1999) S. 211-230

Nekolar, Alexander-Philip (2003) e-Procurement; Euphorie und Realität; Springer Verlag; Berlin Heidelberg; 2003

Nenninger, Michael (1999) Electronic Procurement; Neue Beschaffungsstrategien durch Desktop Purchasing Systeme; KPMG Consulting; 1999

Noll, Jürgen / Winkler, Manuela (2004) Gütesiegel und Vertrauen im E-Commerce; in: Der Markt; Heft 1 2004; S. 23-32

o. V. (2006) Protecting the R&D Investment; Two-Way Authentication and Secure Soft-Feature Settings; in: Maxim Engineering Journal; Heft 57 2006; S. 3-8

Pfohl, Hans-Christian (2004) Logistiksysteme; Betriebswirtschaftliche Grundlagen; 7. Auflage; Springer Verlag; Berlin Heidelberg; 2004

Podbelsek, Hans; Pechek, Heinz; Pfriemer, Manfred; Günther, Johann; Flicker, Alexandra (2000) eProcurement; eProcurement und web-basierte Einkaufspraktiken in österreichischen Unternehmen; Bundesverband Materialwirtschaft, Einkauf und Logistik in Österreich; Donau-Universität Krems; KPMG Consulting; 2000

Puschmann, Thomas; Alt, Rainer (2001) Benchmarking eProcurement; Universität St. Gallen; 2001

Rajaraman, V. (2001) Electronic Commerce; Electronic Data Interchange and XML; in: Resonance; Juni 2001; S. 18-27

Reindl, Martin / Oberniedermaier, Gerhard (2002) eLogistics; Logistiksysteme und -prozesse im Internetzeitalter; Addison-Wesley Verlag; München u.a.; 2002

Renner, Thomas (1999) Produktkataloge und der BMEcat-Standard; Chancen und Grenzen elektronischer Produktkataloge in Intranet und Internet; in: Bogaschewsky, Ronald (Hrsg., 1999) S. 111-138

Requisite Technology (2003) Electronic Catalog XML 3.6 Specifications; XML for Catalog Interoperability; Requisite Technology; 2003

RosettaNet (2002) Rosetta Net Implementation Framework; Core Specifications; Version 2.00.01; RosettaNet; 2002

SAP AG (2003) Open Catalog Interface; Release 4.0; SAP AG; 2003

Schaeuffelen, Angelika (1999) Rechtliche Aspekte beim Abschluß von Verträgen im Internet; in: Bogaschewsky, Ronald (Hrsg., 1999) S. 171-186

Schäfer, Harald / Schäfer, Burkhard (2001) Einkaufsdienstleistungen via Internet; Mit eProcurement und eTrading Services erfolgreich Kosten senken; Fachverlag Deutscher Wirtschaftsdienst; Köln; 2001

Schmid, Beat (2002) Elektronische Märkte; in: Weiber, Rolf (Hrsg., 2002) S. 211-239

Schmitz, Volker; Leukel, Jörg; Kelkar, Oliver (2005) Spezifikation BMEcat 2005; Fraunhofer IAO, Stuttgart; Universität Duisburg-Essen; 2005

Schögel, Marcus / Tomczak, Torsten / Belz, Christian (Hrsg., 2002) Roadm@p to E-Business; Wie Unternehmen das Internet erfolgreich nutzen; Verlag Thexis; St. Gallen 2002

Schopp, Bernd / Stanoevska-Slabeva, Katarina (2002) Electronic Contracting in elektronischen Märkten; in: Weiber, Rolf (Hrsg., 2002) S. 1015-1032

Schulte, Christof (2005) Logistik; Wege zur Optimierung der Supply Chain; 4. Auflage; Verlag Franz Vahlen; München; 2005

Schürer, Tilo (2002) Die Kreditkarte im Internet; in: Ketterer, Karl-Heinz / Stroborn, Karsten (Hrsg., 2002) S. 206-231

Soltmann, Bernhard (o. J.) E-Sourcing; Beratung, Software und Services für den strategischen Einkauf; Allocation Network; o. J.

Tanenbaum, Andrew (2003) Computernetzwerke; 4. Auflage; Pearson Studium; München; 2003

Thome, Rainer (2002) e-Business; in: Informatik Spektrum; Heft 2; 2002; o. S.

Thome, Rainer (2006) Grundzüge der Wirtschaftsinformatik; Integration der Informationsverarbeitung in die Organisation von Unternehmen; Pearson Studium; München; 2006

Trautmann, Rüdiger (2002) Bezahlen im Netz; Kritischer Erfolgsfaktor ePayment; in: Ketterer, Karl-Heinz / Stroborn, Karsten (Hrsg., 2002) S. 338-350

Weiber, Rolf (Hrsg., 2002) Handbuch Electronic Business; Informationstechnologien - Electronic Commerce - Geschäftsprozesse; 2. Auflage; Gabler Verlag; Wiesbaden; 2002

Winter, Klaus (2002) Klassische versus elektronische Beschaffung; in: IT-Director; 1/2 2002; S. 57-58

Wirtz, Bernd (2001) Electronic Business; 2. Auflage; Gabler Verlag; Wiesbaden; 2001

Woisetschläger, Ernst (2006) Der elektronische Einkauf ist eine Riesenerfolgsstory; in: technik + EINKAUF; Heft 3 2006; S. 18-19

Wolff, Astrid (1998) Outsourcing der Beschaffung von C-Materialien; Grundlagen und Vorgehensweise in der Praxis; Diplomarbeit; FH Würzburg; 1998

Zentralverband Elektrotechnik- und Elektronikindustrie e.V. (2006) Klassifizierung und Produktbeschreibung in der Elektrotechnik- und Elektronikindustrie; Ein Wegweiser durch das Thema Produktklassifizierung im E-Business; Frankfurt; 2006

Sachwortverzeichnis